产业集群视角下区域物流平台的构建及制度创新研究

祝 勇 著

中国财富出版社

图书在版编目（CIP）数据

产业集群视角下区域物流平台的构建及制度创新研究 / 祝勇著. –– 北京：中国财富出版社，2025.6

ISBN 978-7-5047-7119-3

Ⅰ.①产… Ⅱ.①祝… Ⅲ.①物流管理—研究—中国 Ⅳ.①F259.221

中国版本图书馆CIP数据核字（2019）第294957号

策划编辑	郑欣怡	**责任编辑**	贾浩然　陈　嘉	**版权编辑**	武　玥
责任印制	苟　宁	**责任校对**	杨小静	**责任发行**	敬　东

出版发行	中国财富出版社		
社　　址	北京市丰台区南四环西路188号5区20楼	**邮政编码**	100070
电　　话	010-52227588 转 2098（发行部）	010-52227588 转 321（总编室）	
	010-52227566（24小时读者服务）	010-52227588 转 305（质检部）	
网　　址	http：// www.cfpress.com.cn	**排　　版**	宝蕾元
经　　销	新华书店	**印　　刷**	北京九州迅驰传媒文化有限公司
书　　号	ISBN 978-7-5047-7119-3/F・3816		
开　　本	710mm×1000mm　1/16	**版　　次**	2025 年6月第1版
印　　张	7	**印　　次**	2025 年6月第1次印刷
字　　数	104千字	**定　　价**	48.00 元

前　言

2009年，物流业第一次作为一个重要的战略性行业被写入国务院颁布的"十大产业调整和振兴规划"，在规划里明确提出要提高我国物流行业的标准化程度和信息化水平。同时，将物流公共信息平台工程列为振兴物流业的九大重点工程之一。

随着国八条、国九条的相继出台，《交通运输"十二五"发展规划》《国务院关于印发物流业发展中长期规划（2014—2020年）的通知》的陆续颁发，物流公共信息平台的建设运营方在改革与探索中得到了更多大力的支持。同时，部分优秀运营方根据物流咨询的实战经验，努力整理出一套先进的物流公共信息平台的理念和运营模式，并整合运管、银行、保险等外部资源，争取平台功能落地实现。

BAT（百度、阿里巴巴、腾讯）的崛起标志着中国进入了互联网时代。互联网时代的到来，带动了物流行业的巨变。"新物流人"借此契机打破传统物流壁垒，并快速为自身物流平台积累用户。然而面对不断加剧的市场冲击，大多数物流平台逐渐被淘汰，能够坚持下来的也如履薄冰。但整个物流市场发展潜力仍然非常大。2016—2020年全国社会物流总额分别为229.7万亿元、252.8万亿元、283.1万亿元、298.0万亿元、300.1万亿元，呈现逐年递增的态势。巨大机遇总能吸引众多的目光，作为物流平台究竟该如何做，才能从激烈的市场竞争中异军突起呢？

实际上，早在互联网普及初期就不乏物流平台的探索者，多年来行业内始终没有停止对互联网平台的开拓，并取得了一些区域性成绩。据统计，全国现有约700家物流平台，其中约500家是从事车货匹配的物流平台。这些平台通过"互联网+"手段实现货运供需信息的实时共享和智能匹配，减少货车空驶、路线迂回和运输资源闲置。但仍然存在信息资源尤其是公共信息资源利用水平较低，不同运输方式、运输主体间信息共享难度较大，相关标准体系尚不完善等诸多问题。

物流管理的难度大是因为：物流管理的空间和时间跨度大，需要整合不同地域、不同文化背景的客户、团队，并对不同地区的物流资源进行有效利用；从物流管理的特点来看，对货物的时间和空间等方面的管理也非常有难度。

物流企业发展到一定阶段，必须构建完善的运营体系，包括产品体系、网络服务体系、资源体系、制度流程标准规则体系、信息体系。所以，从管理角度来看，物流管理难度越来越大，平台化趋势也越来越强。

物流企业之所以开始做平台，一是源于市场需求，二是得益于技术发展，如移动互联网技术、物联网技术的发展。物流企业怎么整合这些技术，怎么管理物流信息，是一个非常难的课题。

物联网技术的最大特点是提高信息采集的效率，变人工采集为自动采集，事后采集为实时采集。划分行业第一梯队的重要指标有两点：一是资源利用率高于行业平均水平；二是一体化业务的协同性、一体化的标准、一体化的服务使客户体验实现标准化。这些均可借助信息技术达成。

提高效率、降低成本、改善服务是物流管理者永恒的追求，但企业通常将更多的时间花在控制成本上。物流企业的效率怎么提高、服务怎么改善，是行业面临的重要课题。仅靠企业自身是很难的，需要整个社会将物流资源共享，来提高物流的效率和服务水平。

在中国特有的物流现实环境下，建设物流公共信息平台这条路举步维艰。把现实中的物流产业流程和环节迁移至网络上，并在原有的基础上进行改造和创新，甚至实现变革，绝非易事。物流公共信息平台建设面临诸多因素的制约和挑战。

物流公共信息平台建设的核心问题——物流诚信体系建设悬而未决，关键功能——全程在线交易迟迟不能实现。诸多物流公共信息平台在简单的信息供求交易层面止步不前。技术攻克的挑战、资源利用的局限等问题如层层迷雾，阻隔物流行业前行。物流公共信息平台究竟该进还是退？如何调整定位、突破瓶颈、扭转局面？这些已成为行业发展的困惑。

本书在产业集群视角下研究区域物流公共信息平台。首先，阐述相关概念并梳理国内外研究现状、发展现状，解析典型案例；其次，分析物流公共信息平台的市场痛点与创新趋势；再次，在进行区域物流公共信息平台需求分析的基础上，提出区域物流公共信息平台的制度体系设计，构建区域物流公共信息平台，并分析了其实施模式及运作模式；最后，探讨了基于平台经济模式的运力资源整合创新。

本书可作为高等院校物流管理、物流工程、信息管理与信息系统、电子商务、管理科学与工程等专业教师及学生的教学参考书，也可作为物流行业相关部门的决策参考书。

本书的研究和撰写得到了江苏省高校哲学社会科学研究基金项目"面向产业集群的区域物流公共服务平台的制度创新研究"（项目编号：2012SJB630002）的资助，在此表示衷心感谢。在本书撰写过程中还参考和借鉴了不少国内外期刊、书籍，在此向有关学者致谢。

由于作者知识水平有限，书中难免存在疏漏之处，恳请各位理论界和企业界的朋友不吝赐教。

作　者

2025 年 2 月 10 日

目　录

1 绪论

1.1 研究背景

在长三角和珠三角地区，电子信息、纺织服装、家用电器等产业集群已经具备了世界级规模。目前，我国物流企业基本各自为战，提供的物流服务跟不上产业集群的大发展；此外，物流的高成本严重制约了产业集群的进一步发展。区域物流公共信息平台可以助推区域经济特别是产业集群的可持续发展，通过对区域物资流动进行协调，达到整合区域物流资源的目的，从而实现区域物流各个要素的系统最优目标。因此，我国许多地区开始认识到区域物流公共服务的重要性，并根据本地发展特点，通过各种方式加快区域物流服务进程。

目前，我国现代物流发展仍然处于初级阶段，我国物流行业的整体发展水平仍然较低，物流信息化、标准化程度不高，物流规划和布局存在地区分割、部门分割等问题，各地物流资源难以有效整合，大量的物流资源没有发挥出其应有的效用；物流上下游企业之间也存在着多重矛盾。只有构建标准的物流公共信息平台，做到区域物流资源及信息的共享，最大限度地优化配置社会物流资源，才能降低社会物流成本，提升物流全过程的服务水平，进而推动整个经济社会的科学发展。

《国务院关于印发物流业调整和振兴规划的通知》①明确提出"加快行业物流公共信息平台建设，建立全国性公路运输信息网络和航空货运公共信息系统，以及其他运输与服务方式的信息网络。推动区域物流信息平台建设，鼓励城市间物流平台的信息共享。加快构建商务、金融、税务、海关、邮政、检验检疫、交通运输、铁路运输、航空运输和工商管理等政府部门的物流管理与服务公共信息平台，扶持一批物流信息服务企业成长"。规划中将物流公共信息平台工程列为九大重点工程之一，提出"加快建设有利于信息资源共享的行业和区域物流公共信息平台项目，重点建设电子口岸、综合运输信息平台、物流资源交易平台和大宗商品交易平台。鼓励企业开展信息发布和信息系统外包等服务业务，建设面向中小企业的物流信息服务平台"。

《国务院关于印发物流业发展中长期规划（2014—2020年）的通知》②

---

① 2009年2月25日，国务院常务会议审议并原则通过了《国务院关于印发物流业调整和振兴规划的通知》。这是我国第一个物流业专项规划，也是第一次以国务院名义发布有关物流业的专题文件。为应对国际金融危机，促进经济平稳较快发展，党中央、国务院陆续形成了一揽子计划。这就是：大规模增加政府投资，实行结构性减税；大范围实施调整和振兴产业规划，提高国民经济整体竞争力；大力推进自主创新，加强科技支撑，增强发展后劲；大幅度提高社会保障水平，扩大城乡就业，促进社会事业发展。物流业进入十大产业振兴规划，也是十大产业振兴规划中唯一的服务业规划，这表明党中央、国务院对物流业发展的重视，也体现了我国宏观经济政策的成熟。制定实施物流业调整和振兴规划，不仅是促进物流业自身平稳较快发展和产业调整升级的需要，也是服务和支撑其他产业的调整与发展、扩大消费和吸收就业的需要，对于促进产业结构调整、转变经济发展方式和增强国民经济竞争力具有重要意义。

② 2014年9月12日，国务院发布《国务院关于印发物流业发展中长期规划（2014—2020年）的通知》。业内专家表示，这是中国物流业进入发展新阶段的重大利好消息。面对新的形势，中国物流业将以质量和效益为中心，寻找战略突破口，培育竞争新优势，全面打造中国物流"升级版"，以转型升级应对物流"新常态"。《国务院关于印发物流业发展中长期规划（2014—2020年）的通知》提出，到2020年基本建立现代物流服务体系，提升物流业标准化、信息化、智能化、集约化水平，提高经济整体运行效率和效益。当前，创新驱动已经成为我国物流业的重要支撑，领先物流企业通过技术创新、管理创新、模式创新、集成创新、制度创新，打造战略竞争新优势。

将推进区域物流协调发展作为七大主要任务之一，提出"整合现有物流信息服务平台资源，形成跨行业和区域的智能物流信息公共服务平台。加强综合运输信息、物流资源交易、电子口岸和大宗商品交易等平台建设，促进各类平台之间的互联互通和信息共享"。

在经济全球化、区域经济一体化背景下，区域内部及区域之间的经济联系大为增强，这在很大程度上改变了物流活动的环境条件，区域物流成为区域经济活动中的重要组成部分。其主要功能是实现该区域产业组织内部和产业组织之间物流活动的整体性、一致性和协调性，以提高区域产业组织的效率和效益，进而增强区域经济的综合实力。随着区域物流业和信息技术的发展，越来越多的城市提出构建区域物流公共信息平台（也称区域物流公共服务平台）的规划和实施要求。区域物流公共信息平台可以支撑区域内物流企业发展对信息的综合要求，发挥信息技术和电子商务在物流企业中的作用，促进信息流与物流的结合，整合物流资源，强化政府对市场的宏观管理与调控能力，支撑物流市场的规范化管理，提供多样化的物流信息服务。

1.2 研究目的和意义

区域物流服务有利于实现区域经济社会的可持续发展，通过对区域物资流动进行协调，发挥整合区域资源的作用，从而实现区域物流各个要素的系统最优目标。

由于互联网的发展及物流信息技术运用的成熟，物流公共信息平台已成为物流行业发展的一大趋势。信息系统是构建现代物流的中枢神经，通过信息在物流系统中快速、准确和实时流动，可以使企业积极响应市场需求，并调整经营活动。但是作为一个传统的物流企业，自行建立一个物流信息系统所耗费的资源是巨大的、昂贵的，迫切需要相关物流公共信息平台的支持。

目前，我国的物流公共信息平台处于发展的初级阶段，基本上还处于企业级物流信息平台孤岛阶段，这严重制约了我国物流业的发展，限制了物流企业国际竞争力的提升。为了提高我国物流信息化的整体发展水平，有必要建立区域级、省级甚至全国级的物流公共信息平台，使制造企业、物流企业和商业企业及交通部门、港口、海关、银行等各行各业协同工作。

区域物流公共信息平台能够使产业集群内各企业互相沟通，在一定程度上实现区域间和区域内（物流园区、配送中心、物流中心、交易中心、物流企业等）的整合，最大限度地优化配置社会物流资源，降低社会物流成本，提升物流服务水平。因此，在产业集群视角下研究区域物流公共信息平台具有重要的理论与实际意义。

1.解决制约我国物流业发展的瓶颈问题

传统物流模式下，信息不对称导致物流交易成本居高不下。区域物流公共信息平台通过对物流资源进行有效组织，将市场中分散、无序流动的信息集中起来，可以节约大量的物流交易成本。

2.探索我国物流公共信息平台新的发展模式

由于缺乏相关制度的保证，物流公共信息平台仍停留在松散、被动的信息服务层面，对物流业的促进作用并不明显，只有探索一种政府与市场有机结合的发展模式，使政府与企业优势互补、密切配合，才能使平台发挥实效，为我国区域物流的发展找到突破口。

3.有助于为产业集群提供公共物流服务，提升产业集群的竞争力

区域物流公共信息平台的建设，有助于降低综合物流成本，进而推动产业集群贸易的发展，促进产业集群的优化与升级，提升产业集群的国际竞争力。

1.3 主要研究内容

本书在产业集群视角下研究区域物流公共信息平台。首先，阐述相关概念并梳理国内外研究现状、发展现状，解析典型案例；其次，分析物流公共信息平台的市场痛点与创新趋势；再次，在进行区域物流公共信息平台需求分析的基础上，提出区域物流公共信息平台的制度体系设计，构建区域物流公共信息平台，并分析了其实施模式及运作模式；最后，探讨了基于平台经济模式的运力资源整合创新。

2 相关理论概述及国内外研究现状

2.1 产业集群相关概念

2.1.1 产业集群的概念

产业集群是指一个产业在特定区域内，由若干核心企业与配套企业形成的具有产业关联性，地域上相对集中的集合，是一种空间经济聚合体。迈克尔·波特在其所著的《国家竞争优势》一书中第一次阐述了"产业集群"的定义，并在此基础上，通过考察10个欧美典型工业化国家发现，这些国家中普遍存在产业集群现象。迈克尔·波特由此提出区域的竞争力对企业的竞争力有很大的影响。

随着经济全球化的发展和国际产业转移的推进，产业集群正在成为区域经济增长的新源头，为区域经济的繁荣注入了新的活力。各地区普遍摒弃了全盘发展的建设思路，转而结合本地资源优势，立足本地区长期处于优势主导地位的产业，扩大招商引资，吸引相关企业落户，着力发展、重点突破，使优势产业形成明显的区域集聚，发挥集群溢出效应，使优势产业成为本地区经济增长的新动力。

2.1.2 产业集群模式分类

产业集群模式通常根据集群内企业组织的演化规律及产业专业化发展趋势进行分类。主要有卫星平台式产业集群、中卫式产业集群、龙头企业式产业集群、链条式产业集群和空间虚拟式产业集群。

1.卫星平台式产业集群模式

集群内部没有形成明确的价值链上的合作分工，不同企业通过共用技术研发平台、享受统一的服务机构，共用集群内的基础设施来实现共同发展，最终形成产业集群，如珠江东岸的电子信息产业集群。

2.中卫式产业集群模式

集群内主要以一个或者多个大型企业为中心，其他中小企业环绕中心企业，生产同质产品或提供相似服务，如美国底特律汽车城。

3.龙头企业式产业集群模式

集群内的中小企业依赖几个大企业生存发展，作为集群内大企业的上游或者下游企业，为大企业提供相应的配套服务，如美国西雅图航空产业集群。

4.链条式产业集群模式

集群内出现了明确分工，有完整的产业链结构。链条式产业集群主要包括两个部分，即提供核心产品的中小型高新技术企业和提供专业服务的科研服务机构，如美国华尔街金融产业集群。

5.空间虚拟式产业集群模式

在集群中，企业与企业间不受地域阻隔的制约，而是单纯依靠合作来建立企业关系。这种模式主要是通过互联网等信息平台来实现。

2.1.3　产业集群作用

产业集群使集群内部企业分工趋于专业化，让规模经济效应更加显著，生产效率得以提升。中小企业受到规模、资本等诸多因素的制约而无法在企业内部完成专业化分工，导致生产效率低下。产业集群则可以很好地克服这一不足造成的影响。集群内部的专业化分工对生产率的提升作用主要表现在以下两个方面：第一，产业集群使企业专注于自己最具优势的生产环节，如医药生产企业专注于研发和生产、医药物流企业专注于物流等，将集群内资源进行有效整合；第二，由于企业的专业化程度提高，有限的企业资金能更好地服务于专业化生产，规模效应将更加显著。

产业集群在地理空间上的集聚能够提高区域经济发展的外放性。区域经济的外放性主要表现在资本的溢出效应。大量同质企业和相关配套企业在空间上的集聚，以及集群内专业化程度的不断提高，对服务的专业性也提出了更多的要求，这有助于促使集群内的企业通过合作建立完善的公共服务体系，降低内部交易费用。

此外，区域经济的外放性还表现在知识的溢出效应、劳动力在集群内的投入转化速度、信任体系的增强等方面。集群内分工专业化以及空间集聚在一定程度上形成了集群内部的竞争环境，促使生产变得更有效率，同时也使科技研发速度加快。

2.2 区域物流相关概念

2.2.1 区域物流的概念

区域物流系统中的区域为经济区，是基于地理、自然、资源以及基础设施等多种客观条件而形成的。但区域经济的调控治理，一般是以行政区为基础。各级政府参与物流设施规划设计的重点仍然是行政区，而且更多地体现为行政区主体利益。因而，对于区域物流的实际运行，存在着经济区和行政区重叠交错的关系，也成为区域物流与区域经济协同发展需要关注的方面。

与国家物流、企业物流相比，区域物流是所在经济区域范围内各物流系统的有机综合。

本书将区域物流定义为：在一定的区域地理环境中，以大中型城市为中心，以区域经济规模和范围为基础，结合物流的有效服务范围，将区域内的各类物品从供应地向接收地进行的有效实体流动；将运输、仓储、装卸搬运、配送、包装、流通加工、信息处理等物流活动集成，服务于本区域经济发展的综合体系。它要求集成的、一体化的物流管理，是物流、信息流及资金流的有机统一体。

2.2.2 区域物流的特征

区域物流有别于国际物流与企业物流，国际物流涵盖的范围更广泛，而企业物流的内容则更加具体，区域物流在两者之间起到了良好的纽带作用，使其既具有企业物流的具体性，又具有国际物流的广泛性，成为一个独具特色的物流系统。

1.区域物流具有地域的经济性

区域物流是由区域内各种物流活动相互联系、相互制约而形成的具有自身结构和功能特色的物流系统，具有很强的独立性与稳定性。这种区域往往超过了一般行政区划的界限，而以一个经济区域为边界。但在实践中，为了方便研究，往往以行政区划的界限作为区域物流边界考量的基础。区域物流通常带有明显的地域特色，不同区域的物流有着明显的区别，比如上海张江的医药物流、山西太原的煤炭物流以及东北地区的大豆物流等，都反映出不同的区域物流有着明显的差异性。

2.区域物流具有结构的复杂性

区域物流涵盖了生产、流通、消费的各个方面。区域物流的服务对象涉及区域内的各种物资、信息，其大量、烦琐的特性必然使区域物流成为一个复杂的系统。物流活动在产品的采购、生产、包装、配送到消费的过程中无处不在，伴随产生巨大的物流、信息流、资金流，这些都加大了区域物流的复杂性。

3.区域物流具有时间的动态性

区域物流为区域经济提供支撑与服务，经济的动态性决定了区域物流必然随着经济的变化而发生改变。市场供需关系、产品价格及销售渠道的变化，使区域内的经济个体对区域物流服务产生多变的需求，也就改变了区域物流的结构。为适应上述诸多因素的变化，区域物流的各组成部分也具有灵活的弹性，能够随着经济发展的变化而改变。因而，区域物流在短期内可能是相对稳定的，但长期来看，必然处于动态演化的过程中。

2.2.3　区域物流的作用

区域物流与区域经济互相依赖、共生发展。区域经济的发展为区域物流提供了物质基础，在产品的采购、生产、销售等一系列经济运行活动中，产生了各种物质的交换活动，为区域物流的产生与发展提供了动力。区域物流在发展过程中，通过资源的重新组合、管理水平的不断提高，降低了物流成本，提高了区域物流服务质量，并在提高制造业物流效率、提升产业竞争力、改变生产方式、促进产业集群形成等方面都发挥着积极的作用。

区域物流是经济发展的命脉，是沟通区域经济各个节点的纽带。经济的发展离不开企业的经营，单个企业也不能离开企业群体而独立生存与发展。在这个企业网络中，企业与企业之间存在着供给与需求的关系，既相互依赖又存在竞争。这种复杂的企业网络，产生庞大的物流、资金流与信息流，使物流系统成为连接各个企业之间重要的纽带。

物流技术的发展也在很大程度上改变了区域经济的生产方式与产业结构。物流技术的进步，促进了社会生产向着专业化分工的方向发展，催生出多种专业性物流企业，例如，肉类、蔬菜等农副产品对仓储、运输条件要求较高，随着物流技术的进步，冷链物流的出现解决了农副产品在保鲜前提下的仓储、运输问题，进而产生了专门的冷链物流企业。这些企业反过来对肉类、蔬菜等农副产品的生产起到了保障支撑作用。

2.3　物流公共信息平台相关概念

2.3.1　物流公共信息平台的概念

物流公共信息平台是一个面向整个物流系统的、集成化的、智能化的物流信息管理中心。它为平台的用户提供所需的基础物流信息，包括物流基础设施信息、用户需求信息、物流供应商信息、物流市场信息、物流交易信息以及相关政策法规等。

国内一些组织和专家纷纷提出了物流公共信息平台的定义。

（1）物流公共信息平台是在区域物流基础设施的基础上，为了满足区域物流系统运作需要而构建的公共的物流信息基础设施。物流公共信息平台以先进的信息技术为支撑，以物流信息系统为主要的功能组成形式，最大限度提高区域物流基础设施利用率，并以区域物流服务为目标，在物流信息的基础上，对物流信息进行统一管理和利用，以满足不同物流服务需求。物流公共信息平台首先是一个规划上的概念，即在区域物流系统分析的基础上，逐步扩展并明确系统中各组成部分之间的相互衔接关系，确定接口和功能需求；同时，物流公共信息平台是一个管理控制系统，根据区域物流系统的运作需要，对其中的运作加以管理和控制，并提供信息支持。

（2）物流公共信息平台通过对公共物流数据（如交通流背景数据、物流枢纽货物跟踪信息、政府部门公共信息等）的采集、分析及处理，为物流服务供给双方的企业信息系统提供基础支撑信息，满足企业信息系统中部分功能（如车辆调度、货物跟踪、运输计划制订、交通信息状况查询）对公共物流信息的需求，支撑企业信息系统功能的实现。

（3）物流公共信息平台是指连接物流客户、物流企业和物流相关部门的社会化、开放式、基于互联网的公共信息系统，它的规划、建设、应用有利于优化经济区域的宏观物流活动，保证物流高效运行，取得企业物流信息系统所不能实现的物流宏观经济效益和社会效益。

以上的概念从不同的角度对物流公共信息平台的性质和作用进行了概括。笔者在广泛研究的基础上，着重从物流信息处理与应用的角度，提出了物流公共信息平台的定义。

物流公共信息平台是将信息技术、计算机处理技术、网络技术等先进的技术应用于物流信息系统中，按照既定的规则从不同的子系统提取信息，在平台内部对公共物流数据进行融合、处理和挖掘，为平台不同的使用者提供不同层次的基于全系统范围的信息服务和辅助决策信息服务，满足平台用户对公共物流信息的需求，实现物流信息的采集、处理、组织、存储、发布和共享，以达到整合整体物流信息资源、降低整体物流成本和提高整体物流效率的目标。

2.3.2 物流公共信息平台的特点

物流公共信息平台是一个动态的、复杂的大系统，主要有以下七个特点。

1.整体性

整体性是物流公共信息平台的基本特征。物流公共信息平台由两个或更多的、可以相互区别的要素或子系统进行有机结合，其总体目标的实现依赖各子系统的协同配合。

2.目的性

物流公共信息平台具有明确的目的性。物流公共信息平台的结构是按照物流公共信息平台所要达到的目的建立的，平台的目的和功能决定着平台系统各要素的组成和结构。

3.层次性

物流公共信息平台作为一个系统，具有一定的层次结构。由于平台具有层次性，在具体构建平台时可以采用分解的方法，把平台系统合理、正确地划分为若干层次。从较高层次分析，可以宏观了解一个系统的全貌；从较低层次分析，可以深入了解一个系统每个部分的细节。

4.相关性

相关性指平台内的各要素和子系统相互制约、相互依存的关系。构成物流公共信息平台的各个部分虽然是相互联系、相互独立的，但它们并不是孤立地存在于平台系统之中，而是在信息流动过程中相互联系、相互依存。这些联系决定了整个物流公共信息平台的运作机制，分析这些联系是构筑平台系统的基础。

5.动态性

物流公共信息平台是一个动态的系统。这主要体现在：信息平台的构成要素不是一成不变的，随着时间的推移必然会发生相应的变化，而各个子系统之间的联系也可能发生相应变化。

6.环境适应性

物流公共信息平台的存在和运行受到物流环境的约束和限制，平台是为整个城市或区域的物流服务的，而城市或区域的物流又服务于城市或区域的经济社会活动。随着经济社会环境的变化，物流公共信息平台也会跟着发生变化。

7.创新性

物流公共信息平台的建设是各学科高新技术集中应用的领域，具有很强的创新性。随着"四新经济"（新技术、新产业、新业态、新模式）[①]的发展，在新一代信息技术、新工业革命及制造业与服务业融合发展的背景

---

① 四新经济指"新技术、新产业、新业态、新模式"的经济形态，是在新一代信息技术革命、新工业革命以及制造业与服务业融合发展的背景下，以现代信息技术广泛嵌入和深化应用为基础，以市场需求为根本导向，以技术创新、应用创新、模式创新为内核并相互融合的新型经济形态。新技术，主要指可实际推广、替代传统应用和形成市场力量的新技术，而不是简单的产品技术或实验室技术。新产业，主要指以新科学发现为基础，以新市场需求为依托，引发产业体系重大变革的产业。新业态，主要指伴随信息技术升级应用等，从现有领域中衍生叠加出的新环节、新活动。新模式，主要指以市场需求为中心，打破原先垂直分布的产业链及价值链，实现传统产业要素重新高效组合。

下，物流公共信息平台以现代信息技术广泛嵌入和深化应用为基础，以技术创新、应用创新、模式创新为内核并相互融合，顺应多元化、多样化、个性化的产品或服务需求，依托技术创新和应用，从现有物流产业和领域中衍生叠加出新环节、新链条、新活动形态，如供应链金融、运力平台、云仓、货运 App 等。

2.3.3　物流公共信息平台的作用

物流公共信息平台是物流信息子系统联系的纽带和中枢，为区域物流产业提供了数字化的平台和信息保障。作为基础平台，物流公共信息平台在区域物流产业中占有重要的战略地位。具体来讲，物流公共信息平台主要有以下作用。

1.有效整合物流信息资源，促进物流信息资源的共享

物流信息共享可以分为 3 个层次：协作企业间信息共享、基础性物流信息共享、物流信息产品和设施设备的共享。第 1 层是企业间协调信息的共享；第 2 层是对共用信息的共享，提高决策的准确性；第 3 层是对平台外接的应用系统的共享。物流公共信息平台提高了这 3 个层次的物流信息资源的共享水平，加强了对物流园区和物流中心等的支持。

物流信息系统涉及政府相关职能部门和其他相关行业部门，如交通、税务、银行结算、商检、海关、物流企业等，各个部门、系统之间的数据格式、流程处理方式和应用接口各不相同，各个系统之间互不兼容，数据无法共享，形成许多"信息孤岛"，无法在及时、准确、全面提供信息的条件下进行全局决策优化。

建立物流公共信息平台，可以提取各个子系统的信息，并存储在物流公共信息平台的数据库中，避免不必要的重复性建设，能够有效地整合现有各种物流信息资源，从根本上改善目前物流信息化建设的现状，有利于发挥区域物流系统的整体优势，加强物流系统各环节的联系，促进各个系统之间实现信息共享，促进各部门之间的联系与沟通，为物流业的快速发展提供支持和保障。

2.促进物流资源的整合，降低物流成本，提升物流效率

物流公共信息平台促进物流信息资源和物流生产资源的整合。根据第三次全国物流供求状况调查，物流信息资源的整合能力已经成为物流需求企业考察物流供应商的主要因素。物流公共信息平台可以使企业减少在物流信息系统建设方面的投入，把更多的财力放在如何更好地利用专业的物流信息平台、优化业务流程、加强业务伙伴间协作、优化供应链、整合物流资源、提高企业的竞争力方面。

通过物流公共信息平台，物流企业可以发布、查询和接收物流运作信息。这种运作方式能够提高各个物流作业环节的透明度，缩短物流运作的周期，改善物流企业的工作效率。

因此，物流公共信息平台的实施大大提高了物流企业的综合实力，降低了营运成本，提高了营运效率，提高了物流的服务水平和服务质量。同时实现了物流企业管理的自动化、信息化，为物流企业之间的合作提供辅助决策。

3.提供专业化的物流信息服务，提高物流服务质量

物流公共信息平台能够帮助中小物流企业提升自己的信息化水平，以减轻供应链核心企业在帮助合作伙伴提高信息化水平方面的负担，使其集中精力搞好主要业务。一些小微企业没有自己独立的信息系统，其信息业务可由物流公共信息平台代理。物流公共信息平台可以发挥规模优势，充分利用物流资源，提高专业化水平，为用户提供更高质量的物流服务。物流供应链成员间的信息化水平不一致，可能出现局部"瓶颈"，物流公共信息平台可以疏通这些"瓶颈"，尤其是在整个供应链的信息共享水平比较低时，可以通过物流公共信息平台迅速搭建电子化的供应链，使供应链有更大的灵活性。

4.推进物流信息标准化建设，更好实现物流信息共享

我国信息化基础薄弱，至今未能很好地解决信息标准化问题。物流公共信息平台为物流信息标准化提供了一个好的"试验田",可以通过这个平台充分调动企业的积极性,逐步推进信息标准化工作。

目前,我国区域物流相关信息系统的建设各自采用不同的数据格式、使用不同的数据库、选择不同的数据通信协议等,这种建设局面导致各单位的物流相关信息系统之间无法进行通信、信息共享和数据交换。建设物流公共信息平台有利于推进相应的数据标准化和通信协议规范化。只有制定了统一的数据标准和通信协议规范,才能实现物流相关信息系统间的共享和数据交换,避免物流相关信息系统建设混乱的局面。

5.支持政府管理部门的宏观调控,有利于制定物流产业发展规划

通过物流公共信息平台,政府相关部门能够充分利用物流资源和物流业务历史数据,在宏观决策上可以进行科学的预测分析、规划,进而制定相关政策;在行业管理上可以通过平台获得企业信息、需求总量、供给能力、运输方式的运营状况等,及时进行行业调控,也可以实现政府部门间的协调工作;同时,通过对现有物流信息的深层次挖掘,可以得到更有价值的信息和知识,为综合物流管理、物流规划等提供辅助决策支持,为政府部门制定战略规划和决策提供历史数据及分析数据。

3 国内外物流公共信息平台发展现状

3.1 国外典型物流公共信息平台现状

发达国家的物流公共信息平台一般由信息中间商或协会搭建运营，供应链各环节通过信息中间商或协会建立的物流公共信息平台交换数据，共同完成物流服务。目前，美国、欧洲和日本在物流公共信息平台领域做得较好。

美国实时货运信息系统是一种基于 Web 技术，支持 EDI 平台，可以通过整合火车、轮船等交通工具获取实时到达信息的应用系统。欧洲多式联运实时信息平台 INTRARTIP 既可以为欧洲运输与物流用户提供物流市场信息，包括运输条件、基础设施能力、运输路线、运输设施、时间表、价格等，还可以根据客户需求实时优化物流链及货物配送。国外物流发达国家目前对物流公共信息平台的建设正处于逐步完善阶段，并积极研究开发新一代的信息通信技术，加速物流信息化的建设。

目前国际上很多物流公共信息平台的商业模式还在探索之中，盈利模式单一，依靠市场力量运营艰难。其中，较为成功的物流公共信息平台大都与贸易、流通领域相关，均涉及政府推动和企业参与，因此，有不少值得借鉴的运营管理经验。

3.1.1 欧洲多式联运实时信息平台INTRARTIP

欧洲多式联运实时信息平台INTRARTIP是一个适用于多式联运的实时信息平台，由欧洲委员会赞助部分资金。该平台提供经过选择和标准化的市场数据。

3.1.2 新加坡的TradeNet

TradeNet是世界首个将35家相关政府机构的功能及需求聚在一起的全国性电子贸易网络，能让商家通过互联网在短时间内申请并获得贸易许可证，而以前这些手续的办理需要2~7天。

3.1.3 中国香港的数码贸易运输网络（DTTN）

DTTN涉及八大类单位：①进口商；②出口商；③货运代理（包括第三方物流供货商）；④运输公司（船公司、铁路公司、公路货车公司和航空公司）；⑤码头和机场；⑥政府有关部门；⑦金融机构；⑧审查机构。不同单位在贸易链中处于不同层次，彼此紧密联系。

DTTN与各种供应商提供的应用服务及目前已有的各类系统并存。DTTN将进一步发展区域电子商务，最终为商业部门带来收益。

3.1.4 美国物流公共信息平台商业模式

在物流业的发展过程中，尽管物流信息化得到了高度重视，但是物流公共信息平台的商业模式仍处于艰难的探索过程中，以美国物流公共信息平台为例，主要有以下几种模式。

1.Transwork模式

Transwork模式采取信息撮合的方式，选取大型的生产企业，如建材、造纸、钢铁等，进行公开招标，寻找合适的承运人，并通过信用机制对承运人进行评价约束。

2.Getloaded模式

Getloaded模式采用货运配载平台方式，采取会员制管理，通过信息撮合创造利润。

3.TransCore模式

TransCore模式主要针对物流货运信息的运营和管理，其平台包括信息撮合和系统租赁两种方式，提供公共服务。信息撮合是指根据托运人的发货需求，对承运人进行公开招标，并对执行情况进行等级评价，通过信用机制约束承运人。系统租赁是指向中小物流企业提供通用的物流信息管理系统，帮助没有开发能力和资金实力的中小物流企业实现信息化管理，以整合社会资源。信息撮合和系统租赁相辅相成、相互促进，既能保证物流交易的正常进行，又能使企业持续盈利。

4.Landstar模式

Landstar模式通过区域代理发展客户，同时采用紧密型挂靠车辆的管理办法控制车辆资源。在托运人下达运输指令时，该模式通过信息平台寻找合适的代理人，促成物流运输交易的完成。

综上所述，国外物流公共信息平台处于摸索阶段，还没有形成很好的商业模式，都是通过信息服务来收费。在物流公共信息平台的商业模式研究与探索方面，国内外处于同一条起跑线上。

3.2　国内物流公共信息平台现状

国内的物流公共信息平台从服务类型角度可以分为政府或协会组建型、资源信息型，物流公共信息平台类型及示例如表3-1所示。

3.2.1　政府或协会组建型物流公共信息平台

1.国家交通运输物流公共信息平台

国家交通运输物流公共信息平台（以下简称"国家物流平台"）是国

表3-1　　　　　　　　　物流公共信息平台类型及示例

服务类型	物流公共信息平台名称
政府或协会组建型	国家交通运输物流公共信息平台
	中华人民共和国海关总署
	中国电子口岸
	中国物流与采购网
	中国物流信息中心
	中国物流学会
	中国西部现代物流公共信息平台
资源信息型	物流产品网
	物流天下网
	锦程物流网

务院发布的《国务院关于印发物流业发展中长期规划（2014—2020年）的通知》中的主要任务和重点工程，是由交通运输部和国家发展改革委牵头，由职能部门、科研院所、软件开发商、物流企业等多方参与共建的一个公益、开放、共享的公共物流信息服务网络，是一项政府主导的交通基础设施工程和物流信息化推进工程，是互联网时代政府创新服务、企业创造市场的有力实践。

　　作为覆盖全国、辐射国际的物流信息基础交换网络和国家平台门户，国家物流平台可以实现"公共平台"与相关信息系统之间可靠、安全、高效、顺畅的信息交换，提供公正、权威的物流相关公共信息服务，从而有效促进物流产业链各环节信息互通与资源共享。

　　国家物流平台总体功能包括以下三大方面。

（1）标准服务。

信息互联标准是物流链互联互通的关键。国家物流平台制定物流信息互联标准，为参与方制定统一的语言。2013年，交通运输部发布《交通运输部办公厅关于印发交通运输物流公共信息平台标准化建设方案（2013—2015年）的通知》，用以指导平台标准化工作。在交通运输部科技司的支持下，交通运输物流公共信息平台标准工作组成立，负责平台标准的研究制定和推广实施，并确定平台标准规范体系框架。经过多年建设，国家物流平台标准实现了从省内到全国，再到国际标准的跨越。

（2）交换服务。

基础交换网络是国家物流平台的核心，它是适应大数据和"互联网+"时代建立起的安全、高效和便捷的物流信息领域的信息高速公路。基础交换网络为物流的仓储、运输、包装、装卸、加工、配送等各环节提供中立、开放、免费的数据单据和应用服务交互的安全通道。任何一项应用服务，只要遵循基础交换网络标准接入该网络，就可以同平台上任意应用服务进行数据单据和信息服务交互，从而彻底消除"信息孤岛"现象，为打通整个物流链、价值链、服务链创造条件。它不仅有利于实现服务覆盖全国，还有利于实现国际服务信息互通，为国家"一带一路"倡议提供有力服务支持。基础交换网络包括公路、水路、航空、铁路等5个行业交换节点、32个区域交换节点。目前共有40万家企业接入平台，日均2000万条数据通过平台交换。

（3）数据服务。

国家物流平台逐步构建了公共信息数据库，提供四个方面八大类公共信息数据服务。一是物流资讯信息。主要包括行业管理部门发布的物流相关政策法规和标准规范，以及物流行业内的各项行业资讯、行业统计信息、信息化实践和案例等信息。二是物流设施信息。主要是物流基础设施规划与运营单位掌握的信息，包括港口、物流园区、航空货站、铁路货站等设施的基础信息和服务信息。三是物流信用信息。主要包括物流企业的经营许可证信息、车辆的道路运输许可证信息以及人员的从业资格证信息等。四是物流状态信息。包括运输工具的实时位置信息，如车辆、船舶、列车、飞机实时位置信息，以及物流节点信息，如进出口通关状态、通检状态等信息。针对物流信用信息和物流状态信息，国家物流平台以接口和网页两种方式为主，并对外提供服务。社会企业可以根据自身的业务需要，选择合适的方式来获取上述服务。

2.其他政府或协会组建型物流公共信息平台

政府或协会组建的物流公共信息平台还包括中华人民共和国海关总署、中国电子口岸、中国物流与采购网、中国物流信息中心等，主要功能介绍如表3-2所示。

表3-2　　　　　　政府或协会组建的物流公共信息平台功能介绍

平台名称	平台功能
中华人民共和国海关总署	海关网上服务大厅系统；企业报关等信息的实时查询
中国电子口岸	跨部门、跨行业的数据交换和联网数据核查；企业可以在网上办理报关、报仓、结付汇核销、出口退税等各种进出口业务
中国物流与采购网	企业信用评级，物流标准的制定与发布；物流统计数据的发布；物流相关奖项的评选等
中国物流信息中心	生产资料市场流通统计；采集和发布物流领域的基础信息，建立物流基础数据库；中国采购经理指数的数据分析和对外发布

3.2.2　资源信息型物流公共信息平台

物流平台的基本作用之一就是集聚物流资源。实际上一些重要的物流资源（仓储资源、运力资源、货物资源等）需要由专门的平台统筹。物流资源要素平台（即资源信息型物流公共信息平台），就是专业解决物流相关资源的汇集与统筹问题。就目前来看，典型的物流资源要素平台包括云仓储平台和云运力平台。

云仓储是指基于仓储资源要素的透明连接，通过"仓储资源大数据"合理安排仓储活动的一种仓储业务经营及管理的模式。云仓储平台属于"互联网＋物流"中"网"的重要组成部分，是一个十分重要的物流资源要素平台。

云运力平台是指基于运力要素的透明连接，汇集运力信息并实现运力资源统筹和分享的平台。云运力平台具体可以分为企业私有云运力平台和行业公共云运力平台。企业私有云运力平台是指因自身的业务经营和发展需要而搭建的平台，可以将自有运力及社会运力的相关信息汇集在平台上，以便实现对运力的合理调用、统筹及对外分享。行业公共云运力平台是基于运力要素的透明连接，通过与企业私有云运力平台建立广泛对接和数据共享，实现行业性的运力资源统筹及分享。行业公共云运力平台解决的是企业间运力资源共享的问题。除了云仓储平台及云运力平台之外，基于货运停车场、货源等其他物流资源要素也有可能形成专业的平台。此外，物流业有多个垂直细分领域，如冷链物流、危化品物流、零担物流、快递物流等。各个物流垂直细分领域内的资源汇集、统筹、分享，都需要有专业的平台来支撑。

4 区域物流公共信息平台的案例解析

4.1 宁波模式解析

4.1.1 宁波4PL平台概况

宁波是全国现代物流发展的三个试点城市之一。宁波—舟山港是我国沿海主要港口和国家综合运输体系的重要枢纽，是上海国际航运中心的重要组成部分。虽然宁波发展第四方物流平台（4PL）的自然条件较好，但对于4PL这一先进产业发展模式刚开始也是知之甚少，没有经验和先例可供借鉴。面对发展4PL产业的诸多难题，宁波市进行了一系列实践探索，自2006年9月开始组织深入调研，从政府层面对4PL平台进行总体规划，大胆进行制度设计创新，科学缜密地进行政府制度设计，所构建的4PL平台的市场服务延伸至北京、上海、郑州等国内大中型城市。4PL市场的快速发展走在了全国前列，被国务院发展研究中心、中国社会科学院的专家赞誉为"宁波模式"，已对全国物流产业经济的发展起到良好的示范带动作用。

4.1.2 宁波4PL平台运作模式

1.加强4PL市场发展的组织保障

宁波市现代物流业发展领导小组负责规划和协调4PL市场发展中的重大问题，下设办公室承担4PL市场的日常管理工作，加强与各成员单位的沟通交流，切实发挥综合组织协调作用，培育和促进4PL市场健康发展。

2.成立4PL的智囊机构——宁波市现代物流规划研究院

2008年，宁波市现代物流规划研究院成立，该院围绕有关宁波市经济社会发展的重大事项，开展战略性、前瞻性、基础性、应用性的现代物流发展规划研究，为政府决策提供依据。该院积极整合社会研究资源，同时搭建成果转化平台，形成与物流产业发展需求相一致的产学研创新联盟，2009年11月该院成为中国物流学会产学研基地。

3.4PL "双主体" 运作模式

一个成熟的运营主体是4PL发展的关键，目前我国4PL发展过程中，一个重要的问题就是4PL的主体缺位或主体发展不成熟。宁波市对此精心设计，在4PL市场运营之初就构建了平台主运营商结合银行机构的"双主体"运作模式，这在世界范围都属于创新之举。所谓"双主体"是指4PL的核心主体运营者有两个：一个主体是宁波国际物流发展股份有限公司，旗下主要有宁波电子口岸（www.nbeport.com）、浙江省交通物流网上交易市场——四方物流市场（www.4plmarket.com）两大公共信息平台，重点结合电子政务、电子商务、电子物流，为客户提供优质的大通关、大物流全程信息服务。另一个主体为银行金融机构，由中国农业银行宁波分行、中国工商银行宁波分行、中国建设银行宁波分行等多家商业银行联合组成，与宁波国际物流发展股份有限公司共同签订4PL平台运营合作协议，提供多种金融营运服务和金融超值服务。

4.1.3 宁波模式的启示

1.战略定位明晰，宏观、中观、微观三个层面有机结合

在宏观层面，宁波市把发展4PL作为重大的长期性战略方向，设计了"以宁波4PL平台为核心、以发展港口物流为龙头、'政、企、银'互动联动，实现跨越式发展"的宁波模式。在此战略取向和发展模式的定位下，宁波市委、市政府齐抓共管。一方面重视理论研究，解决了发展4PL的若干理论和实践问题；另一方面重视中微观层面的落实，对市属几十个政府部门建设4PL的任务划分职责，分工明确。同时，加强企业层面的培训，广泛宣传4PL的理论、经营特点、运作流程及相关规章制度，使其积极投入，规范运作。

2.将制度创新融于4PL的流程设计之中

宁波市政府在"政、企、银"互动发展模式中，从政府层面对4PL平台进行总体规划，紧密契合4PL市场运行特点进行流程设计，将制度创新融于流程设计之中，做到理论和实际、导向性和实用性的完美结合。宁波市4PL运营的每个流程都有相应的政府制度设计，使每项制度都被流程化，从而提高物流市场效率，降低物流制度成本。

4.2 南方模式解析

4.2.1 南方平台概况

南方现代物流公共信息平台（以下简称"南方平台"）利用计算机、网络、通信、无线射频识别、地理信息系统和卫星导航等现代信息技术，以珠三角地区为基础、泛珠三角地区为依托，对物流作业、物流过程和物流管理的公共环节涉及的各部门物流信息，进行采集、分类、筛选、储存、分析、反馈、发布、管理，实现标准化处理、共享与交换，提供面向区域及公共的信息服务，是构造南方地区整体物流现代化发展的共性基础平台和落实《珠江三角洲地区改革发展规划纲要（2008—2020年）》的重大项目。

4.2.2 南方平台建设与运营模式

南方平台建设目标和作用：着眼于区域物流整个环节和系统，面向政府相关职能部门、物流需求各环节企业、物流运输与仓储基础设施提供机构、物流信息化及辅助服务机构四大方面，以物流公共信息为主线，整合区域内现有物流信息系统，搭建各系统互联互通的信息共享机制，以简化物流供应链环节、节省物流成本、提高物流环节效率，实现对物流供应链可视化的实时追踪、过程监督和资源优化等服务；实现区域物流信息快速、低廉和便捷的互联互通（特别是对众多的中小企业）；实现区域经贸生产、社会保障、日常生活的物流服务标准化、跟踪全程化、管理智能化，实现区域合作竞争力的全面提高。

南方平台主要建设内容：两个支撑——统一编码解析和政务职能审批交换中心、供应链搜索服务与国际互联中心；三个主节点——广佛肇、深莞惠、珠中江，构成三级组网的平台接入体系，覆盖珠三角地区的泛在、多模式智能接入物联网络；五个共性关键技术——物品编码标准、物流信息共享交换、信息安全及隐私保障、物联网IP组网和云计算技术；八类"一站式"行业应用接入平台——道路、铁路、水路、航空、大通关、物流园区、金融服务、多式联运应用接入平台。

南方平台建设与运营模式：从顶层架构入手，整合现有物流信息平台资源、避免重复建设、"填平补齐、标准统一"，使物流资源配置更合理化、更优化、更现代化和更国际化。根据公共平台的构成、角色、对象、服务和运营模式的不同，采取政府牵头资源整合建设、行业和公共机构基础建设与营运、企业和社会用户参与与应用推广的"多角色共建模式"，结合区域的行政体系，采取省牵头标准解释和统一搜索服务平台、市完成主节点和骨干网建设、区县和企业构建应用和泛在接入的"多级联动模式"。

4.2.3 南方模式的启示

从整体上看，物流公共信息平台的建设还处于起步阶段，普及范围还比较小、整体水平还比较落后，不能完全适应现代物流的发展要求，主要问题体现在以下三方面。

（1）在整体规划上缺乏宏观指导，造成重复建设。物流公共信息平台建设涉及不同的管理部门、各类物流企业及货物的供需双方，要处理好各方面的关系，需要政府的协调和推动。因此，物流公共信息平台应该统一规划、统一领导、分步实施，充分利用现有的社会信息化资源，避免重复建设。

（2）各信息平台之间很少进行信息和资源共享，造成各个"信息孤岛"的存在，使信息平台的效率和效果不理想，不能很好地满足现代物流的需求。如果能够建立一个统一的物流公共信息平台，把现有各个信息平台的资源连接起来，对提高各相关行政管理部门（海关、税务、国检等）、各企业的效率，提高物流服务水平，降低物流成本就能起到决定性的作用。

（3）各物流公共信息平台的功能有待完善。物流公共信息平台不仅应该具备数据交换、信息发布等基本功能，还应该加强智能配送、货物跟踪、决策分析及金融服务等功能的开发和建设。

4.3 湖南模式解析

4.3.1 湖南省物流公共信息平台概况

湖南省物流公共信息平台有限公司（以下简称"公司"）是在湖南省发展改革委的大力倡导和湖南省物流与采购联合会的强力支持下成立的，并且与中国电信股份有限公司湖南分公司达成了物流领域的唯一战略合作伙伴关系。公司于2010年2月成立，注册资本1000万元，主营物流行业信息化服务，力图打造湖南省内第一家物流公共信息平台。湖南省物流公共信息平台是湖南省的重大产学研项目。

4.3.2 湖南省物流公共信息平台建设与运营模式

湖南省物流公共信息平台遵循公益性、共用性、公共性"三性合一"的原则，为物流企业和制造企业提供高效、安全、低成本的公共信息，推动湖南物流信息化建设。平台建设目标是打造成湖南省物流业信息系统枢纽，实现区域性合作，并与其他省份进行对接的集成化、智能化的物流信息管理平台。

2010年9月，湖南省物流公共信息平台一期首批建设包括五个工程：物流公共信息平台门户网站、车货配载系统、GPSOne定位系统、"物流E通"手机、短消息平台。之后又持续投产了企业建站系统、数据交换系统、短信配货系统。其中，车货配载系统最受用户关注。车主、货主通过车货配载系统查询适合自己的货源或车源信息，通过竞标的方式快捷地选择适合自己要求的交易方，因此，车货配载系统的数据尤为重要。

为了给广大物流用户提供更多的车源、货源数据，湖南省物流公共信息平台搭建了基于SOA技术架构的物流信息交换平台，该平台是湖南现代物流职业技术学院通过多年物流信息技术方面的项目研究取得的成果。该平台对接了汇通天下等省外平台的车货配载数据，截至2011年4月25日数据总交换量已突破1000万次大关，这为湖南省物流公共信息平台的发展提供了坚实的数据保证。

4.3.3 湖南模式的启示

平台的运作前期一定是政府投入，但政府只是引导、孵化，平台的最终运营要脱离政府，具备可持续的自我造血能力，同时还应当借助国家级平台进行全面推广应用。

5 物流公共信息平台市场痛点与创新趋势

近年来，物流公共信息平台建设已经成为我国物流信息化建设的核心。随着物流业的发展和国家关于振兴物流业相关政策的出台，各省区市都在逐步建立物流公共信息平台。据不完全统计，目前全国已建和在建的物流公共信息平台有上千个，规划之中的更是不计其数。但如前文所述，目前国内90%的物流公共信息平台仅仅是货主和物流企业简单交换供需信息的集散地，大部分物流公共信息平台还处于"信息孤岛"阶段。

5.1 物流公共信息平台市场痛点

笔者近几年走访了很多企业，通过对企业与客户访谈分析市场痛点，为物流公共信息平台的商业模式探索做了很多基础性工作。根据调研，目前物流公共信息平台具有以下几方面的痛点。

5.1.1 痛点之一：金融问题

据专家估计，我国物流企业的贷款融资需求每年都在3万亿元以上，而通过传统金融机构实现融资的却不足10%。仅运费垫资一项，每年就存在约6000亿元的融资需求，但只有不到5%是通过银行贷款方式获得的。

面对当前经济下行的压力，许多产业都面临困境，物流业却逆势上扬，连续多年保持增长。但物流企业融资依然困难，这与我国物流业的现状有着直接关系。

第一，我国大多数物流企业规模较小、固定资产少、抗风险能力差、抵押担保融资受限，经常会面临资金周转困难的难题。

第二，我国物流行业成本高、利润率低，企业抵御风险能力较差。

第三，信用体系缺失。由于物流业法律体系不完善、信息技术应用水平不高、诚信培育不足，物流业携款（货）潜逃、恶性拖欠货款的事件屡见不鲜，极大地影响了行业的信誉度。

中小物流企业大多无法提供一般抵押物作为担保，也无法提供充分的信用证明，金融机构为规避风险，不会主动关注中小物流企业。

在这种情况下，物流平台提供的融资渠道成为中小物流企业新的机会。

不同贷款方式的区别如表5-1所示。

表5-1　　　　　　　　　不同贷款方式的区别

放贷主体	银行	小贷公司	放贷人	投资人	银行、物流平台
授信模式	纯信用、抵押、质押、担保等	纯信用、抵押等	信用、抵押，中间人担保	信用、抵押，平台担保	纯信用、供应链融资
贷款额度	300万~500万元	100万元以下	1万~50万元	30万元以下	100万元以下
综合费率	基准利率上浮	年化18%~30%	年化20%以上	年化15%~20%	年化15%~20%
时长周期	单笔使用，不可循环	单笔使用，不可循环	单笔使用，不可循环	单笔使用，不可循环	循环使用，随借随还
放款速度	7~30天	3~20天	1~3天	1~20天	3~20天
操作渠道	实地	实地	实地	互联网	互联网

5.1.2 痛点之二：服务与诚信

受传统轻视物流思想的影响，物流市场缺乏正确、客观的物流服务标准。同样是送货上门，有的企业能够实现零差错、无投诉，而有的企业则是无保障、随意性强，结果导致物流服务质量千差万别。由于缺乏相关的市场规则、法规约束，物流服务没有形成相关的制度规范。原来从事单一物流服务的企业，比如运输公司，对于运输的服务要求也许可以用运输距离、物品在途保养、时间要求、交接货质量等方面的量化指标加以考核和控制，并用明确的合同条款进行规定，以达到一定的物流服务标准。但转型以后，企业物流业务不断纵向拓展，涉及与之相关联的装卸搬运、库存控制、分拣配送、风险管理、信息处理等诸多功能，需要一整套的物流作业规范。而企业在短时间内还难以形成系统且翔实的制度规范。这不仅与社会对物流的认识不够有关，也与物流产业本身不够发达、物流服务不规范有关。

诚信缺失对行业整体形象造成损害。一些企业打着"低价"的旗号，挪用代收货款进行投机活动，一旦资金链断裂，就"一走了之"。近几年，类似事件不断发生，引起了社会上对物流产业整体信用情况的普遍担忧。在物流绩效指数评价指标中，诚信缺失及欺诈是导致物流系统恶性循环的诱因之一。

目前，众多企业对各类物流公共信息平台最大的抱怨就是信息准确度低。根据调研，大部分的客户不信任平台信息的准确度，即使从平台得到了信息，也只是作为参考，需要电话核实、实地核实以后才能达成交易。

物流公共信息平台的这个特点决定了其提供的信息服务具有天然的缺陷，不能够承担因信息失灵带来的相关责任。

5.1.3 痛点之三：智能化服务

目前，物流公共信息平台只做缺乏准确性的物流信息中介服务，不承担因信息不准确带来的风险，因此难以获得相应的收益。

物流公司或个体司机最希望物流公共信息平台能够提供集成化的智慧服务，例如：平台通过信息集成直接配载好一车货物，物流公司不需要自己搜索信息并配货；平台给返程司机在线即时提供接近一车货物的就近配货需求，方便司机尽快配货返程；平台能够提供物流公司或个体司机商业保险、加油消费、司机消费等方面的优惠。

智慧化的物流服务与需求是无穷无尽的，需要平台不断开发。物流行业正在从传统人工操作时代逐渐跨越至智能管控时代。自动化、无人化应用逐渐从前端的分拣、运输环节延伸到末端配送环节。

相比之下，智能快递柜已实现大规模商用，虽然这样的末端技术相对成熟，但如何盈利成为企业现阶段亟须解决的问题。无人机配送、3D打印等技术虽已处于小范围试用阶段，但想要在"最后一公里"配送进行大规模应用还为时尚早。

5.1.4　痛点之四：标准化服务

1. 2B的界面难以标准化

不同企业的物流服务需求是不同的。物流平台要根据不同企业的需求提供差异化的服务。由于服务的对象不同、服务的流程不同、服务的标准不同，物流平台也就难以实现标准化的界面。

2. 关键节点的非标准化

物流的关键节点，如货物、时间、地点、费用，缺乏标准化。时间上有迟到、压车等问题；地点有公里数、路况等不确定性；费用上存在运费和代垫费等差异。

这些不确定性影响了用户对平台交易的信赖。要想用户使用物流平台进行交易，就必须对所有环节标准化，消除不确定性。各节点的标准化可以根据实际情况，采用归纳法、穷举法等逐步完善。

5.2 物流公共信息平台创新方向

"互联网+"车货匹配等物流新模式、新业态不断涌现，一些企业利用互联网搭建车货匹配信息平台，探索开展无车承运和货运供需信息实时共享；智能仓储在快递、冷链等细分领域发展迅速；多式联运、共同配送、集中配送等先进运输组织方式得到广泛应用；互联网、大数据在物流市场监管体系建设运行中的作用也日益凸显。可以说，"互联网+"高效物流生态体系正在形成。但是，我国物流"信息孤岛"问题仍比较突出。

要进一步提升物流业信息化、标准化和智能化水平，关键是要做到"四推进"。

一是推进信息共享。加快完善与"互联网+"高效物流相适应的政策体系，推动政府部门物流相关信息的开放共享，促进不同平台之间互联互通。

二是推进标准体系建设。加强不同标准间的协调衔接，促进上下游设施设备标准化，推进物流车辆标准化。鼓励物流团体标准、企业标准发展，促进政府主导制定标准与市场自主制定标准的协同发展。

三是推进产业融合。依托互联网等信息技术，推进物流业与制造业、商贸业、金融业等融合发展，推动先进信息技术与物流活动深度融合。

四是推进试点示范。推广应用先进信息技术及装备，加快智能化发展步伐。

5.2.1 创新方向之一：智慧物流生态系统

传统物流公共信息平台往往采用由内而外的发展模式，信息内部化和孤岛问题凸显。云计算、大数据、物联网、智能终端等互联网基础设施的投入，可帮助企业直接接入互联网，促进了信息的广泛流动，实现了更广范围的信息分享和使用，大幅降低了信息处理成本。因此，要全面推进各个物流公共信息平台的互联互通，充分释放信息和数据共享的潜能，为智慧物流奠定大数据条件。

　　智慧物流生态系统建立在万物互联的基础之上，要借助互联网基础设施，全面实现物流的在线化，促进整个生态体系中各参与方的情景感知和智能交互，从而在企业与客户间形成新的商业关系。交通运输部已经开展无车承运人试点，如何通过普遍连接建立无车承运人与个体司机间的信任关系，也是平台应该考虑的问题。

5.2.2　创新方向之二：共享物流资源

　　车货匹配的共享物流迅速发展，得到了风险投资和社会资金的热捧，迅速掀起了基于车货匹配的共享物流热潮。

　　共享物流的本质是共享物流资源，物流货运资源只是物流资源的冰山一角。现代物流的核心是系统，是现实世界的物理网络。在这个复杂的系统中，物流资源具有网络化、标准化、信息化的特征，为协调共享打下了基础。传统物流由于信息不对称、系统不协同，物流体系不能互联互通，出现了严重的资源浪费。推进共享物流可以带来很多颠覆性创新，大幅降低物流成本，实现节能减排，创造绿色物流新模式。

　　在实践中，共享物流资源的方式主要有租赁、交换等。要实现共享物流，必须使信息互联互通、标准协同统一。

　　共享物流模式特点及发展趋势如表5-2所示。

表5-2　　　　　　　　　　共享物流模式特点及发展趋势

模式	特点	发展趋势
共同配送	多品牌或多客户共享配送资源	随着信息化发展，共同配送释放了巨大的创新活力，新模式层出不穷
托盘循环共用	供应链上、中、下游共享托盘	随着商务部推进商贸物流标准化，托盘循环共用发展很快

续表

模式	特点	发展趋势
周转箱循环共用	供应链上、下游共享物流周转箱	随着商贸物流标准化推进，周转箱循环共用将得到广泛重视
车货匹配	目前最接近优步和滴滴的共享模式	通过信息化手段，实现货运行业O2O创新，是目前最热的物流创新
共享云仓	共享仓储资源，实现物流仓储配送最佳网点布局和仓储布局，能提升供应链效率	随着物联网、云计算、区块链等技术的应用，共享云仓可实现转型升级
叉车租赁	共享叉车设备资源	叉车租赁在国际叉车市场中占主导地位
物流公共信息平台	信息共享	物流公共信息平台是推动共享物流的重要信息平台，稳步发展
跨界共享	通过信息化手段，打破物流边界，实现颠覆式创新，实现跨界共享	主要有物流与金融、服务、生产跨界共享，物流金融发展最快

从表5-2中可以看出，物流公共信息平台是主要的共享物流模式，此外，共同配送、跨界共享、车货匹配、共享云仓等也都需要通过物流公共信息平台来实现。

5.2.3 创新方向之三：跨界融合

在物流行业内，快递、快运、整车等细分物流市场互相渗透，市场边界渐趋模糊。申通、韵达等快递企业纷纷涉足快运业务，顺丰冷运食品陆运干线网启动，发力冷运全链条供应链市场。远成物流进入快递快运、冷链、供应链等领域，打造卓越综合的物流服务品牌。顺丰、韵达等物流企业围绕物流业务，全面推进物流相关业务的布局，致力于为客户提供个性化、多样化的"一揽子"综合物流服务。

"互联网+"时代下,跨界融合成为物流业创新发展新趋势。作为物流业信息汇集地,物流公共信息平台更具有快捷融合的创新优势。例如,利用大数据分析打通V2V(车与车)、V2R(车与路)、V2I(车与网)、V2H(车与人)的互联,最终打造了一套人、车、路、网之间的联网体系,利用平台化发展优势,在智能匹配、运营监控、金融服务、卡车后市场等方面实现资源共享,促进整个产业链上各项资源的融合,构建物流生态圈。

5.2.4 创新方向之四:物流金融

当前物流金融业务发展趋势可以归纳为以下五点。

1.从静态质押监管向动态质押监管发展

所谓静态质押监管是指这批货质押后不再变动,直到质押期结束才放货。事实上这种静态的情况是很少见的。传统基于静态的质押货款服务已逐渐被动态物流过程中的金融服务所取代。

2.从流通型客户向生产型客户发展

随着物流金融的便利性和可操作性大为改观,越来越多的生产型企业开始参与到享受物流金融服务的行列中。

3.从现货质押向买方信贷发展

这个趋势实际上是物流金融的实施者从第三方物流发展到第四方物流,也是融通商、保兑商与物流相结合的形式。同时,向更多参与者发展的趋势明显。

4.从自有仓库向库外仓库发展

专业化的运作方式使企业将非核心业务的操作流程外包。其中,自有仓库逐步向库外仓库发展。

5.从单一环节向供应链全过程发展

有了供货商的参与,物流金融服务的提供商可对货物从供货商到客户手中的全过程进行监管。

5.3 基于物流服务链构筑区域物流服务体系

5.3.1 物流服务链概述

物流服务链的兴起对物流产业发展起到了积极的推动作用，研究物流服务链的形成动因和演化机制有助于深刻剖析物流服务链的发展进程。

物流服务链是服务供应链中的一种，具有服务供应链的一般特征。其基本结构是功能型物流服务提供商—物流服务集成商—制造、零售企业模式。其中，功能型物流服务提供商是指传统的功能型物流企业，如运输企业、仓储企业等，它们因提供的服务功能单一，且业务开展往往局限于某一地域，而被物流服务集成商在构建全国甚至全球服务网络时吸纳为供应商。

关于物流服务链的内涵，目前还没有形成统一的结论。大部分学者认为物流服务链是以物流服务集成商为链上的核心企业，把物流服务供应源和需求源组合在一起的网链型结构，同时伴随着服务流、资金流和信息流的流动。美国供应链管理专业协会（CSCMP）将物流服务链定义为众多公有制和私有制企业共同参与的过程。

结合以上观点，本书认为物流服务链以物流服务集成商为核心，以功能型物流服务提供商—物流服务集成商—客户为基本结构，伴随着服务流、资金流和信息流的流动，将服务能力管理、服务流程管理、服务绩效管理与服务价值管理综合集成，通过提供柔性化的物流服务，创造从物流分包商到物流需求方的物流服务增值的一种网链型结构模式。

5.3.2 构筑区域物流服务体系

借鉴现代物流服务体系结构，本书将区域物流服务体系划分为运营管理服务体系、营销服务体系、服务质量体系、技术支持服务体系、制度保障支撑体系。其中，运营管理服务体系、营销服务体系、服务质量体系构成核心服务体系；技术支持服务体系、制度保障支撑体系构成辅助服务体系，区域物流服务体系框架如图5-1所示。

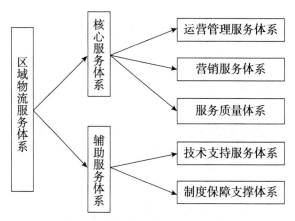

图5-1 区域物流服务体系框架

从资源配置角度将区域物流运营过程划分为：物流节点（包括物流园区、港口、内河码头、机场、公路枢纽站、铁路货运站）运营、物流通道（连接各种节点的联系通道和区域物流节点与其他经济区域的联系通道）运营，所以区域物流运营管理服务体系由物流节点运营管理和物流通道运营管理构成。

区域物流技术支持服务体系主要包括区域物流金融体系、区域物流人才体系、区域物流基础设施规划、区域物流应用技术。

区域物流技术支持服务体系是区域物流辅助服务体系中的"硬"性平台，而区域物流制度保障支撑体系则是区域物流辅助服务体系中的"软"性平台，支撑着区域物流市场的运行。

5.3.3 基于物流服务链的区域物流服务模式

区域物流服务模式的核心是围绕特定的物流任务，以流程化的方式开展运作，物流服务链是区域物流服务的核心模式。物流服务链是在区域物流公共信息平台支撑下的物流运作模式，其核心是围绕特定的物流任务进行流程规划和分解、服务的匹配和执行、监控和服务质量评价。基于物流服务链的区域物流服务模式如图5-2所示。

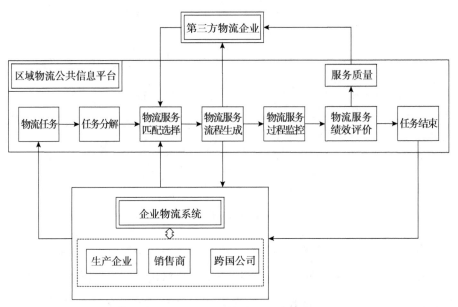

图5-2　基于物流服务链的区域物流服务模式

物流服务链是在区域物流公共信息平台支撑下的，由区域物流组织以及其他市场组织基于市场需求所构成的一个物流服务体系。物流服务链以需求产生地为起点、需求终结地为终点，是以物流服务集成为核心的服务集合系统，是由一系列相关的物流服务根据特定的逻辑构成，这些物流服务包括运输、仓储、装卸搬运、流通加工以及包装服务、信息服务、金融服务、物流流程设计服务等，具有服务集成化、流程无缝化、组织网络化等特点。

物流服务链的构建是实现区域物流优化运行目标的关键技术之一，它根据物流总任务的需求对物流任务进行分解，形成物流运作的初步网络计划，并综合考虑物流方案优化运行的各个约束目标，从3PL（第三方物流）

等物流服务提供商的物流服务中选择满足需求的物流服务，形成备选的物流服务集，通过物流服务的调度安排构成一个物流任务的物流服务链。同时，根据物流服务链的执行状况，快速地进行物流服务链的重构，以实现区域物流的运作目标，满足客户的需求。

6 区域物流公共信息平台的需求分析

现代物流对经济发展的促进作用已得到社会各界的广泛认同，我国物流业的快速发展，使其在国民经济中的重要性得以体现出来。信息化是现代物流不可或缺的重要支撑和保障，物流公共信息平台的建设是实现现代物流信息化的必要步骤。

完善的物流基础设施、高效的物流信息平台和成熟的第三方物流企业是发展现代物流的"三驾马车"。现代物流公共信息平台是为物流企业、物流需求企业和政府及其他相关部门提供物流服务和信息服务的公共平台，代表了现代电子商务物流的发展方向，具有很大的发展潜力。

在建设平台之前，首先需要分析困扰物流行业信息化的问题根源，明确物流公共信息平台的市场定位，对涉及平台的具体需求、经营模式、盈利模式、经营策略、发展方向等各种问题取得共识，并进行深刻分析和深入研究，这样才能吸收和借鉴现有成熟的理论依据与科研论证，优化物流公共信息平台的架构设计和功能模块设计。

6.1 构建区域物流公共信息平台的必要性

1.构建区域物流公共信息平台是区域物流发展的必然要求

物流是区域经济发展的基础，制造业、商业、流通业产生了大量的物流需求，这些需求大多通过第三方物流企业完成。第三方物流企业提供的物流服务主要是运输服务和仓储服务。运输服务主要分为专线运输、零担运输和合同运输，专线运输或零担运输需要对众多的批量货物或零散货物进行组织调度，最终又由许许多多的个体司机完成；由于信息不对称，司机送货完成后等待回程货时间通常较长，甚至找不到回程货。仓储服务主要面向日用消费品、标准件、公共物品和少量生产物资。这些物资的仓储需求分散在众多中小制造企业和流通企业中，第三方物流企业获取这些仓储需求信息的代价较大，反之，中小制造企业和流通企业的物资仓储如需外包，不一定能尽快找到合适的仓库，而物流公共信息平台能较好地匹配仓储供需。物流公共信息平台以其跨行业、跨地域、技术密集、多方参与、扩展性强、开放性好等特点对现代物流的发展构成了有力支撑。

2.物流公共信息平台是政府实现宏观物流调控的重要手段

政府部门通过对物流公共信息平台建设的宏观管理和控制，实现政府相关行业管理部门之间的信息共享，为第三方物流企业、物流服务链提供强有力的信息支持，为地方物流业的发展和规划提供决策支持。同时，政府通过对物流业运行基本数据的实时和准确掌握、统计、分析，改进物流公共信息平台功能，并且通过建立健全物流相关法律法规，使物流市场竞争建立在完善的运行规则基础上，真正落实市场经济条件下的政府职能。

3.不少区域已经具备建设物流公共信息平台的基本条件

硬件设施方面，多数区域的交通基础设施、通信网络覆盖率均已达到了一定的水平，例如，长三角区域、珠三角区域、环渤海区域、成渝经济区、武汉都市圈等。软件设施方面，各大物流企业以及政府相关部门均已经建立起了各自独立的物流信息系统。物流公共信息平台的建立是基于交通运输网络畅通、信息网络发达基础之上的。因此，现在不少区域已经具备了建设物流公共信息平台的基本条件。

6.2 功能定位分析

6.2.1 现实问题及存在根源

目前，搭建物流公共信息平台的重要性已经得到了社会的认同，物流公共信息平台的建设已经成为物流信息化建设的核心。然而我国物流公共信息平台的建设却不容乐观，大大小小的物流公共信息平台有上千家，呈现散、乱、功能单一状态，真正能做到覆盖全面、服务权威、良性循环的少之又少。绝大部分物流公共信息平台只是在一定程度上解决了物流信息化中存在的问题。我国物流公共信息平台的建设在以下六个方面还存在一定的不足。

1.政府支持力度不够

物流是一个跨部门、跨行业的复合型产业，涉及范围不仅包括国家宏观经济与对外贸易，还包括水陆空等多种运输方式，以及口岸监管、商务、土地、税务和信息等其他相关部门，跨地区的物流服务往往因区域性局部利益的影响而受到很大限制，政府缺乏信息支撑手段对物流活动进行全面监管。

2.平台功能简单而分散

物流公共信息平台的建设处于初级阶段，其功能一般仅包含简单的信息展示，如市场信息发布与查询、招投标、企业动态、行业新闻、本地看点、专家观点等，缺乏对货物的跟踪、报关以及与其他政府职能部门的接口，不能提供全方位、系统性的客户服务，更不能提供如物流金融、管理咨询、物流教育培训、物流解决方案等增值服务。

3.缺乏对供应链的支持

完整的物流活动过程涉及运输前交易、运输中监控、运输后结算及相关手续办理等诸多环节，在整个过程中需要供应链上下游多方进行协同联动。现有的物流公共信息平台仅实现了简单的供需交易，尚未实现从原材料供应商到制造商、分销商、零售商之间的集成，无法实现整个供应链的信息共享、沟通协调、业务联动。

4.对中小物流企业内部管理支持有限

一般的大型物流企业都有完善的信息系统，但对中小物流企业而言，受规模和资金等因素限制，企业信息化的典型功能，如办公自动化、业务管理信息化、车辆监控等都还未实现，国内已经建成的物流公共信息平台很少具备面向中小物流企业的信息化管理功能。

5.平台尚未实现真正意义上的信息共享

在物流活动过程中，涉及大量承托双方企业及各级政府部门之间的协作，对信息资源的共享提出了很高的要求，物流公共信息平台应作为连接各方信息系统的数据枢纽，起到数据交换和共享的作用。实际上，各方信息系统的异构数据很难进行转换与共享，仍然需要寻找中介载体或采取人工方式解决信息共享问题。

6.平台缺乏对新技术的应用

现代信息技术的普及与发展，不仅深刻改变了人们的生活方式，也在某种程度上影响着信息化系统的建设。目前比较突出的两类技术就是云计算和物联网，而已建成的物流公共信息平台对这两类新技术的应用考虑得不是很周全，因此平台的扩展性和兼容性尚有很大的提升空间。

6.2.2 各类物流公共信息平台的主要功能定位

目前，我国的物流公共信息平台根据服务领域、支持环境、技术要素和运营主体的不同，可以分为企业级物流公共信息平台、行业级物流公共信息平台、区域级物流公共信息平台、政府监管物流公共信息平台四大类。其中，政府监管物流公共信息平台是其他物流公共信息平台的核心，对其他物流公共信息平台发挥着监督和指导的作用，与其他物流公共信息平台是相互关联的。

1.企业级物流公共信息平台

企业级物流公共信息平台是以本企业为主导建设并且有其他企业共同参与，这些企业间形成了互惠互利的企业联盟合作关系，共享相互之间的信息资源。

此外，平台将实时动态的网上交易与现代通信手段相结合，为客户提供高效的物流信息服务。企业级物流公共信息平台通常在企业的ERP系统基础上提供物流信息服务，平台系统作为ERP系统的一个业务管理子系统而存在，如物流管理系统、物流业务系统和物流客户服务系统等。现有的ERP系统如SAP、用友中的物流模块都具有企业级物流公共信息平台的性质。

2.行业级物流公共信息平台

行业级物流公共信息平台在促进现代物流产业的发展中起到了重要的作用。根据对行业物流的理解，行业级物流公共信息平台可以分为三类：第一类是针对物流行业本身，以物流枢纽（如港口、物流园区、城市配送中心等）为载体的物流公共信息平台；第二类是针对物流运输方式的不同而划分的物流公共信息平台，如公路运输物流公共信息平台、铁路运输物流公共信息平台、水路运输物流公共信息平台、航空运输物流公共信息平台等；第三类是针对物流服务行业的不同而划分的物流公共信息平台，有些行业具有很强的专业性，相应的物流服务就需要具有很强的专业性，如制造业的物流公共信息平台、汽车运输业的物流公共信息平台、医药类的物流公共信息平台、冷链类的物流公共信息平台、烟草行业的物流公共信息平台等。这些信息平台通过整合物流供需信息资源，提高物流效率、降低物流成本。

3.区域级物流公共信息平台

区域级物流公共信息平台是指对特定的自然或行政区域内的物流业务及物流过程中产生的物流信息进行采集、分类、筛选、存储、分析、评价、反馈、发布、管理的公共的信息交换平台。不同于企业级或者行业级物流公共信息平台，区域级物流公共信息平台重点对一个区域内的物流资源和物流信息进行整合，其目的是提高整个区域内的物流效率，并降低物流成本。

4.政府监管物流公共信息平台

政府监管物流公共信息平台主要依靠国家财政投资，如铁路运输管理信息系统（TMIS）。近年来，政府监管物流公共信息平台出现了一些新的趋势：一是需要跨部门合作的信息平台越来越多，例如，铁道部门和海关部门关于进口货物信息的电子传输和共享交换；二是开放程度逐步扩大，社会服务功能不断完善，如商务部、海关和银行，准备从内贸、外贸单独认证过渡到建立一个联合认证系统，提供"一卡通"和系统集成服务。

6.2.3　物流公共信息平台的综合性功能定位

区域级物流公共信息平台和行业级物流公共信息平台的建设属于基础建设的范畴，主要是解决我国企业信息化水平低、物流信息系统分散、单个企业的物流平台建设和运营成本高等基本问题。政府监管物流公共信息平台以提供基本物流公共服务为基础，包括物流信息的传递和共享、政府职能部门的网上办公、信用认证等。企业级物流公共信息平台由企业自行建设和运作，主要提供该企业及企业集团之间的物流信息服务和相关信息共享。

经过分析可以看出，几种物流公共信息平台之间既有功能重叠的地方，也有尚未完全覆盖的地方，目前还没有一种平台能够成为主导和绝对的核心。但政府监管物流公共信息平台具有先天整合政府各部门公共资源的优势，它可以将政府信息资源、行业信息资源、物流信息资源及其他信息资源的不同需求主体有机结合。并且政府资源的公共属性，决定了物流公共信息平台有一定程度的垄断性。因此，综合性的物流公共信息平台以政府监管物流公共信息平台为基础，进行功能上的扩充和整合，形成一个权威的、主导的、跨平台的系统。

物流公共信息平台的功能定位关键在于以政府监管为基础，构建综合性的信息交换和共享的介质性平台，成为一个高度集中的电子商务信息管理系统，为信息需求者提供各种信息服务与技术服务内容，为用户提供一站式信息化服务，如图6-1所示。

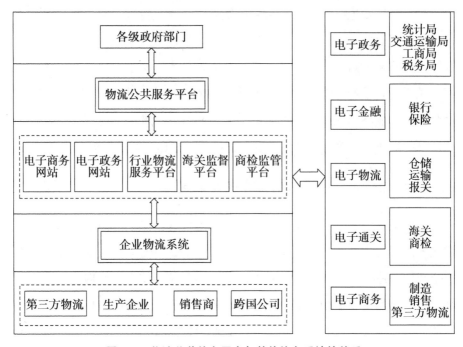

图6-1　物流公共信息平台与其他信息系统的关系

以政府监管为基础的综合物流公共信息平台可确保政府与企业之间、企业与企业之间、企业与客户之间进行信息的充分交换与共享，物流管理与生产活动参与各方有机衔接、协调配合，进一步优化资源配置，加快物流企业转型，最终加速推进现代物流体系的健康发展。

明确了物流公共信息平台的功能定位后，还需要进一步深入分析物流过程中各方对平台的具体需求。只有正确地理解真实需求，才能提炼出平台应该具有的功能，并依此建设符合实际需求的物流公共信息平台。

根据前文的平台功能定位分析，物流公共信息平台应该有效整合行业资源，促使物流信息在行业内和行业间共享，发挥整个行业的优势和协同效应，其主要体现在以下四点。

（1）通过互联网将企业供求信息连接在一起，进行数据交换、传输、共享等。

（2）为有需求的客户提供全面的和专业的物流服务。

（3）对于中小物流企业而言，通过注册会员的方式加入物流公共信息平台。

（4）满足政府对市场的引导和监管需求，使政府管理部门掌握区域物流行业的规模、结构和发展水平等信息资源，为制定现代物流发展战略规划、强化服务管理和调控提供依据。

6.3 问卷调查分析

本节以区域物流为研究对象，对物流公共信息平台的信息需求进行分析，确定物流公共信息平台的用户，并通过对用户实际调研和分析，确定其使用需求。

区域物流公共信息平台的建设需求来源于对物流业的理解。笔者通过发放问卷、实际客户调研以及实际项目案例等方式获取物流公共信息平台的建设需求。

为了使需求调研的内容更加合理，问卷针对不同年龄、不同单位性质、不同职位、所在的企业对物流公共信息平台的使用情况以及客户感知价值驱动因素等方面进行了调研，实际发放调研问卷500份，收回问卷385份，剔除无效问卷，实际有效样本330份。

1. 年龄结构（见表6-1）

表6-1 　　　　　　　　　　　　年龄结构

选项（岁）	小计（人）	占比（%）
A.30以下	64	19.39

选项（岁）	小计（人）	占比（%）
B.30~39	66	20.00
C.40~49	175	53.03
D.50及以上	25	7.58

2.单位性质（见表6-2）

表6-2　　　　　　　　　　单位性质

选项	小计（个）	占比（%）
A.物流服务需求方：制造企业、商贸企业、厂矿企业、原材料供应商和一般消费者（含社会公众）	222	67.27
B.物流服务供应方：物流企业、物流园区、仓储企业、港口等	108	32.73

3.职位分布（见表6-3）

表6-3　　　　　　　　　　职位分布

选项	小计	占比（%）
A.企业主管	38	11.52
B.高层领导	22	6.67
C.中层领导	106	32.12
D.业务人员	110	33.33
E.其他人员	54	16.36

4.客户感知价值驱动因素（见表6-4）

通过上述分析可知，物流公共信息平台的用户对象主要是30~49岁的中低层物流从业人员，其用量需求大。从客户感知价值驱动因素的角度来

表6-4　　　　　　　　　　　客户感知价值驱动因素

选项	1	2	3	4	5	平均分
1.提供展示平台	6.06%	6.06%	21.21%	27.27%	39.39%	3.88
2.能及时发布、搜索与共享资源、车源等物流信息	3.03%	6.06%	3.03%	36.36%	51.52%	4.27
3.能及时提供市场运价行情	3.03%	0	15.15%	39.39%	42.42%	4.18
4.实现及时准确的数据交换	3.03%	9.09%	6.06%	30.3%	51.52%	4.18
5.物流服务供需信息的自动匹配或推荐	0	0	12.12%	48.48%	39.39%	4.27
6.全过程的物流交易管理	0	6.06%	18.18%	54.55%	21.21%	3.91
7.完善的信用监督增值服务	0	9.09%	18.18%	30.3%	42.42%	4.06
8.提供手机等移动终端商务服务	3.03%	3.03%	24.24%	33.33%	36.36%	3.97
9.运用GPS、GIS、RFID等技术的物流跟踪服务	6.06%	0	15.15%	48.48%	30.3%	3.97
10.提供SaaS服务（如运输管理、仓储管理、物流基地、货代软件等）	6.06%	0	33.33%	36.36%	24.24%	3.73
11.提供整体物流解决方案	6.06%	0	18.18%	48.48%	27.27%	3.91
12.提供物流业务数据分析等各种形式的决策支持	0	9.09%	12.12%	57.58%	21.21%	3.91
13.企业形象提升	3.03%	6.06%	21.21%	39.39%	30.3%	3.88
14.获取物流知识、政策信息	3.03%	21.21%	27.27%	18.18%	30.3%	3.51
15.平台提供良好的虚拟社区	6.06%	15.15%	21.21%	27.27%	30.3%	3.61
16.平台经常组织线上线下的主题活动	3.03%	6.06%	42.42%	39.39%	9.09%	3.45

选项	1	2	3	4	5	平均分
17.平台能主动依据需求提供信息服务	0	3.03%	30.3%	27.27%	39.39%	4.03
18.平台员工提供的信息及时、准确	0	12.12%	15.15%	33.33%	39.39%	4
19.出现问题时，平台员工耐心倾听并及时协助解决	0	9.09%	21.21%	36.36%	33.33%	3.94
20.提供从初期软件培训到后期实施的各流程服务	3.03%	3.03%	21.21%	60.61%	12.12%	3.76
21.平台交易的诚信度高	0	3.03%	15.15%	36.36%	45.45%	4.24
22.EDI数据交换安全（数据保密性好）	0	9.09%	12.12%	45.45%	33.33%	4.03
23.交易安全性高（支付安全）	0	3.03%	21.21%	18.18%	57.58%	4.3
24.平台设计有吸引力，信息导航能力强	0	6.06%	18.18%	45.45%	30.3%	4
25.程序响应速度快	0	3.03%	21.21%	33.33%	42.42%	4.15
26.货币成本（包括会员费及其他增值服务费用）	0	12.12%	24.24%	33.33%	30.3%	3.82
27.时间成本（基于平台达成物流交易的时间）	0	3.03%	21.21%	42.42%	33.33%	4.06
28.平台学习成本	0	6.06%	45.45%	24.24%	24.24%	3.67

注：按照对某一因素感知的重要程度分为5级：1表示极不重要，2表示不重要，3表示一般，4表示比较重要，5表示很重要。由于四舍五入，加总不一定为100%。

说，用户对能及时发布、搜索与共享货源、车源等物流信息，能及时提供市场运价行情，实现及时准确的数据交换，物流服务供需信息的自动匹配或推荐，平台交易的诚信度高，交易安全性高（支付安全），程序响应速度快等有较强烈的需求。

6.4 服务主体分析

物流系统中不同层次的参与者，对信息需求有明显的不同。在整个物流过程中，需要多方货主、运输企业、港口、公路、铁路以及收货方、中介代理企业的协作，还要处理与银行、海关、商检、卫生防疫部门的关系，由此形成了各方对物流公共信息平台信息服务的需求。在进行区域物流公共信息平台建设时，要充分分析各参与主体的需求状况，以确定信息平台所应具有的功能。

物流公共信息平台的服务主体包括物流行业管理部门、提供货物运输服务部门、物流业务交易相关部门、基础设施建设维护部门及气象部门。

6.5 信息需求分析

物流公共信息平台的建设目的主要在于满足物流系统中各个环节不同层次的信息需求和功能需求。该平台应该具有综合信息服务功能、数据交换功能、物流业务交易支持功能、货物跟踪功能、行业应用托管服务功能（见图6-2）。

6.5.1 物流公共信息平台的信息需求特性

物流公共信息平台实行信息共享，满足不同用户的信息需求。为实现这种共享性，必须分析平台用户对信息的需求特性。物流公共信息平台集

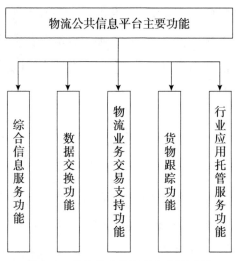

图6-2 物流公共信息平台主要功能

成了各种信息，这些信息种类繁多，呈现出多源异构性。物流公共信息平台对信息的需求主要有以下三方面特点。

1.物流信息交换的复杂性

针对不同的客户物流需求，物流公共信息平台通过组建不同的物流服务链为众多客户提供物流服务。一方面，多种物流活动数据在系统内部子系统间进行交换，形成各类错综关系；另一方面，数据交换是在不同企业、不同隶属关系管理体制下，各系统的数据结构、数据存储形式和接口协议不一样，使物流信息交换具有复杂性。真正符合市场需求的有效物流信息无法正常传达到供需双方，严重制约物流资源配置效率，影响物流活动的有效扩张，这就需要对物流信息进行标准化、结构化、规范化定义，以降低物流资源整合、物流信息共享的难度。

2.物流数据的共享性

一般的第三方物流服务，对其特定用户是按封闭系统运行的，物流内部信息与外部共享范畴是非常有限的。信息不对称必然导致不正当竞争，扰乱流通秩序，物流交易进行的程度、规模、水平必然受到一定限制。而城市物流、区域物流具有一定的开放性，产生的部分数据应该可以在一定范围内共享。共享数据将在物流企业、客户及政府部门间传递和使用，形成共用物流信息。

3.共用物流信息需求的差异性

物流企业、客户和政府主管部门对共用物流信息的需求是不同的，其差异主要体现在以下三个方面。

（1）时效差异性。物流企业、客户需要实时的物流信息，以便掌控物流交易活动；政府部门一般需要过去一定时期范围内反映物流活动的共用物流信息和未来一定时期范围内物流业发展趋势信息。

（2）内容差异性。物流企业、客户关心的是物流业务活动状态、物流运作成本和服务质量等实时的物流运作信息，以便对物流业务进行实时调整和微观决策；政府部门考虑更多的是物流业对地区或城市经济发展的促进作用，以便政府进行宏观的社会物流规划、制定物流政策、提高物流社会效率和效益。

（3）颗粒差异性。物流企业、客户要求数据尽可能详细，以确保物流业务运行准确无误。

6.5.2　共用物流信息需求分析

本小节对物流公共信息平台的共用物流信息进行了总结、分类，具体如表6-5所示。

表6-5　　　　　物流公共信息平台的共用物流信息需求分析

信息名称	信息类别	信息内容
物流供求信息	物流市场供应信息	运输、仓储、配送、货代、保管、流通加工以及综合物流服务等供应信息
	物流市场需求信息	运输、仓储、加工、装卸、搬运等物流功能需求，物流代理与发包需求等

续表

信息名称	信息类别	信息内容
共用物流基础设施信息	公路货运信息	车辆信息、货运单价、车辆租用、道路收费等信息
	铁路信息	车次、线路、标准运价、相关运输里程、车站货场等信息
	港口航运信息	航线信息、港口堆场与仓储等信息
	航空信息	航线信息、标准运价、机场货场等信息
	仓储设施信息	仓储地区、面积、类别、标准单价、保税仓储等信息
	多式联运信息	智能多式联运线路建议方案、智能报价等信息
物流交易信息	银行信息	银行基本信息、服务信息、收费标准、操作流程等
	海关信息	出入境报关许可信息、报关关贸信息
	税务信息	相关税收信息等
	保险信息	收费标准、保险条款、免责条款等
行业信息	行业政策法规信息	物流基础设施（如铁路、公路、物流园区等）的政策、物流行业标准以及法律法规、国外引导物流产业发展的最新信息等
	行业人才需求信息	物流及相关专业人才供需信息
其他相关信息	环境、路况信息	城市地图、公路布局图、铁路运行图、海运航线布局图等
	政府职能部门信息	与物流业务有关的政府机构设置、办事程序及相关政策法规等信息

6.6 功能需求分析

物流公共信息平台最终是政府与市场有机结合的产物，不管是政府建设部分还是市场建设部分，在建设规划时都应充分体现政府中立性的特点，同时必须遵循物流行业市场规律，克服市场机制的内在缺陷，以满足物流业发展对于公共信息共享方面的迫切需求。

结合物流公共信息平台的信息需求分析，针对区域物流的实际需求情况，笔者提出了以下两点关于物流公共信息平台的系统功能需求。

1.功能需求

（1）能与其他系统建立良好的接口。

物流公共信息平台的关键作用是要发挥信息中转功能，集中采集各种动态和静态物流信息、发布物流信息，因此接口问题就显得尤为重要，与其他系统建立良好的接口是保障平台顺利运行的基本条件。

（2）充分发挥平台强大的信息辅助功能。

物流公共信息平台应该起到规范物流市场活动和区域物流运行控制的作用。平台从各个子系统采集大量的、可用的信息，深层次挖掘隐藏的、潜在的、有价值的信息，为宏观物流行业管理和决策提供服务。

（3）使平台用户能够进行在线交易。

平台不仅给用户提供所需的物流信息，而且能够支持在线交易，使物流企业由传统交易向电子交易转变，方便用户直接进行在线交易。

2.技术需求

（1）格式问题。

连接平台的各个部门系统构件的软硬件平台不统一，容易造成系统之间不能进行信息交换、系统运作不畅的问题。因此，首要解决这些异构系统和异构格式之间的数据交换和信息共享的问题。

（2）数据管理问题。

物流公共信息平台汇集了大量的来自不同部门和企业信息系统的信

息，数据量大、数据类型多样化，因此如何进行合理、有效的数据管理显得尤为重要。

（3）数据安全问题。

平台要有合理的身份审核制度及可靠安全的防火墙，保障网上交易的安全性，防止交易资料和关键数据丢失以及被黑客攻击等，平台运行要稳定，易于维护。

7 区域物流公共信息平台的制度体系设计

我国物流业发展的动力来自企业逐利的需要和政府的推动，只是两者的作用程度和范围与国外发达国家的情况不同。我国发展区域物流服务的很多条件还不成熟，短期内无法形成有领导力量的区域物流服务提供商。单纯靠市场自发演进的推动较为缓慢，这就要求政府发挥培育市场发展的作用。

政府要培育区域物流公共信息平台，制度建设是关键，其重大作用主要体现在以下三点：首先，通过"规范、引导、提升"，培育区域物流公共信息平台主体，为其发展壮大提供制度保障。各类具有仓储、配送等物流整合能力的第三方物流企业探索性向第四方物流发展，以信息技术和专业化管理为基础，促进物流企业功能和资源的有机整合，加快我国物流产业结构的进一步升级优化。积极培育具有一定基础的第四方物流企业，引导社会各类资源进行整合。出台一系列政策制度规范引导第四方物流企业，为区域物流公共信息平台的建设提供制度保障。其次，政府通过制度设计鼓励和引导传统物流企业向现代物流企业转变。目前，我国物流企业发展比较分散，既有改制后的大型物资集团，又有生产企业延伸供应链而形成的专业化的物流公司。只有大力发展和规范第三方物流企业，提高第三方物流企业的服务质量和市场竞争力，推动传统物流业向现代物流业转变，区域物流公共信息平台才有发展的基础。最后，政府通过加强引导、统筹规划，优化物流业的发展布局，为发展区域物流公共信息平台营造良好的宏观政策环境。

7.1 政府制度设计的主要内容

政府发展区域物流公共信息平台的制度设计不应该是离散的，而应该形成一个有机的体系，使不同的制度在不同的阶段，从各个侧面多层次全方位促导。区域物流公共信息平台的制度体系如图7-1所示。

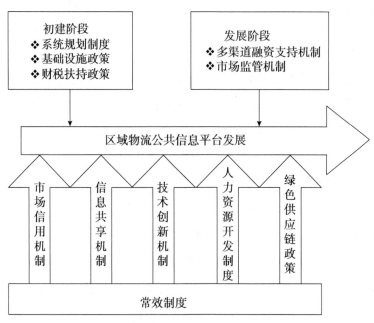

图7-1 区域物流公共信息平台的制度体系

在区域物流公共信息平台的初建阶段和发展阶段，政府设计不同的制度所起到的作用只是相对有所侧重，而不是绝对隔绝区分，有的制度如多渠道融资支持机制、市场监管机制等也会贯穿区域物流公共信息平台整体发展过程。

7.2 建立和完善区域物流公共信息平台的运行机制和立法机制

政府与市场"两只手"的密切结合是中国特色社会主义市场经济的重

要特点。要使这"两只手"协力托起区域物流市场，政府的政策制度和物流市场的运作就要紧密衔接。区域物流公共信息平台规划设计的首要原则就是"政府与市场流程和制度的同步设计"，在市场层面各参与方流程和制度一体化设计的同时，政府也要根据市场需求对各部门、各环节的流程和制度进行一体化设计。例如，针对纠纷处理，政府既要设计网上受理的简易程序，也要设计各部门高度一体化的"绿色通道式"常规服务程序等。此外，还有对市场和企业的监管机制、信息共享交流促进机制、完善的政府管理协调机制等。政府应通过这些机制的建设，保障市场竞争秩序的公平、公正、公开和统一，努力降低市场运行的政策和法律成本。

7.2.1 设计市场主体纠纷的政府协调机制

1. 开辟行政绿色通道服务

一是平台的电子政务系统或呼叫服务中心；二是平台的"一站式窗口"。成员企业的急事要事可以通过以上两种方式快速便捷地得到解决。对于一些简单的纠纷，政府相关部门可以提供网上申诉、网上协调、网上审判等一站式行政服务。

2. 开辟司法绿色通道服务

一是对于涉及平台交易纠纷的案件，保证优先立案、审理、执行、兑现，以迅速解决纠纷、化解矛盾；二是发挥速裁法庭及时、简便、快捷解决纠纷的功能，凡是诉讼标的明确、争议不大、便于执行的物流纠纷案件，均于当日交速裁法庭处理；三是在平台设立法律咨询窗口和法院办公窗口，进行庭前调解和速裁，降低诉讼成本；四是设计网上简易实时服务程序和优先受理的一体化常规服务程序。对于复杂的、在网上无法处理的纠纷，可启动非网上常规程序，政府各部门提供高效、完善的一体化绿色通道服务。

3. 设计网上简易实时服务程序

围绕促进市场依法监管、依法调节保障市场秩序、维护各类市场主体的合法权益，政府相关部门应设计网上简易实时服务程序。对于要优先受理的服务，相关部门应共同制定具体的、可操作的规则，如提供专人、专区、专线的高效服务等；各部门及时高效地对区域物流公共信息平台方案设计进行工作性指导、合法性审查等。

7.2.2 制定财税支持和多渠道融资的制度

政府相关部门应引导企业积极参与区域物流公共信息平台交易，对平台相关的技术创新、项目建设、人才培训、物流标准化推进、外资和技术引进等可在营业税、所得税和房产税等方面给予减免；另外，基础设施建设与物流装备更新的补贴政策、区域物流基地的土地优惠使用政策、物流服务与运输价格政策以及工商登记管理的快速便捷政策等也需持续推进。区域物流公共信息平台建设应采取多渠道融资措施：以政府资金为主导，引导外资、民间资金形成多元化投资体系；指导支持企业供应链融资，适当发行物流项目建设债券。

7.2.3 建立区域物流市场的有效监管制度

为使区域物流公共信息平台成为有秩序的、规范的、自治的、可持续发展的新产业领域，政府需要加强对区域物流市场的有效监管，以保证其健康、有序发展。

政府相关部门应遵循"依法监管、联合监管、透明监管、服务监管"的思路，对区域物流市场实行多层次、多主体监管。监管类型有公共监管、行业监管和领域监管三种。监管的主要内容包括对区域物流市场准入的监管、对平台运营主体的监督和对平台运营过程的监管。在监管手段上，一是信用监管，政府利用声誉机制，根据企业信誉情况进行激励惩治，努力营造"诚信得益、失信受制""一处失信、多处受制""一时失信、长期受制"的信用环境，推进区域物流市场信用机制建设；二是行政执法监督，管理部门依据法律法规和市场管理规范，对平台参与主体的经营行为加强日常监督检查，进一步规范物流市场及平台交易秩序；三是行政建议指导，对各类市场主体存在或可能发生的违规、违法等问题进行善意劝导，书面向平台运营商或会员企业提出改进建议和指导意见，以促使其规范或整改。

7.2.4   完善区域物流市场的电子商务法律体系

随着电子商务的蓬勃发展，政府要研究出台相关的管理办法，就要充分整合利用现有的法律法规，在适当时候探索出台具体的法律法规，从而有效监管区域物流市场。要使区域物流市场真正健康发展，严格的制度是首要问题，电子商务法律体系是建立在制度实践基础之上的。

7.3   区域物流公共信息平台信用制度设计

信用制度是整个区域物流公共信息平台制度体系的重要基础，可从信用审核制度、企业间信用机制、信用公布制度和联合信用惩戒制度等方面建立区域物流公共信息平台的信用制度，并实现管理手段的具体化。

例如，平台化的运力组织模式是运力资源池模式，在运力资源池中有一套诚信评估机制、信息共享机制、信息安全保障机制，以及运力异常情况的退出机制。运力资源池中的正常运力可以根据相关的流程标准和结算机制被货主调用。凡是会员车辆都必须装有卫星监控设备，实时采集车辆的状态信息。

加强信用制度建设，逐步健全信用信息的采集、评价、公布、授信、惩戒制度，形成具有规范市场、约束行为、联合惩戒功能的信用机制。

7.3.1   信用审核制度

首先，可建立电子营业执照制度。当企业入驻平台时，工商行政管理部门为企业颁发电子营业执照。企业必须在其网站上展示电子营业执照，以增加信用的透明度。其次，由政府、核心会员、银行和平台运营商共建共享信用评价体系，对信用的评价标准加以明确。企业每发生一次业务交易，就会产生一笔信用记录，并在区域物流公共信息平台公布。最后，由专业的第三方信用机构对企业信用进行定期审核。

7.3.2 企业间信用机制——供应链契约

供应链契约是一种基于合同而又超于合同的形式。供应链契约可保障企业间信用的实现。首先，合作双方要达成共识。必须树立正确的合作观念：核心会员之间是战略合作伙伴，而非仅为交易关系。对物流服务购买方而言，合作不仅能降低物流综合成本，还能使企业获取核心竞争力、增强客户满意度、提高企业灵活性。其次，要树立共赢的目标。当合作中由于市场环境变化或其他因素引起某一方的合理利益受损，合作双方应秉持公平与灵活的原则适当变更，确保合作共赢目标的实现。再次，要不断增进合作信用。对物流服务供应方而言，从公司高层管理者到基层操作人员，必须努力实践对物流服务购买方的各项承诺。最后，供需双方相互信任和履行承诺是建立良好合作关系的关键。

7.3.3 信用公布制度

信用公布制度公布的方式主要有两种，一种是内部式的公布，例如，银行跟政府、核心会员之间的公布。另一种是对外公布，即向全社会公布。全社会公布的意义是帮助信用好的企业塑造品牌形象。

7.3.4 联合信用惩戒制度

区域物流公共信息平台必须有一套联合信用惩戒制度，包括不同等级、不同层次的惩戒措施。如果有企业违约并造成合作方损失，就必须给予赔偿。如果企业不赔偿，就要公开降低其信用等级，并依照规范经营的制度作出处罚。如果再严重，就需要在市场层面和银行层面联合惩戒，银行要降低企业信用等级、减少贷款信用额度等。再甚者就是市场层面、银行层面及政府层面的联合惩戒。区域物流公共信息平台通过实行不同等级、不同层次的惩戒，发挥联合信用惩戒制度的效应，保障各方的合法权益，维护市场的经营秩序。

7.4 区域物流公共信息平台企业层面制度设计

7.4.1 核心会员准入制度

区域物流公共信息平台会员分为普通会员和核心会员。所有加入平台的企业只要注册的信息真实有效，都可以成为普通会员。核心会员有两个主要的准入条件：一是企业必须有银行信用作为基础。准入制度建立在企业和银行的信用制度之上，这样可以避免许多矛盾和问题。二是企业必须同平台运营商、银行签订三方合同。通过合同，企业将全部交易委托平台运营商按既定的规则进行网上撮合，并将平台确认的交易都授权银行代办结算，从而避免债务纠纷。

7.4.2 核心会员动态扩展制度

平台建设初期，核心会员就应达到一定数量，企业类型应覆盖货主企业、运输服务企业、仓储服务企业、第三方物流公司、货代企业等，以保证平台的运营规模。核心会员并不是终身制，一些会员可能由于业务调整或受到平台的处罚而退出核心会员行列。随着平台的发展，可适当增加核心会员的数量，将一些符合条件的普通会员补充进来。这就需要建立完善的核心会员动态扩展制度，以保证平台的运行质量。首先，要对潜在核心会员进行调查、分析、评价，包括企业的管理状况、战略导向、信息技术支持能力、自身的可塑性和兼容性、行业运营经验等。其次，在评价的基础上，对潜在的多个企业进行比较，从中选择适合的企业作为候选对象。

7.4.3 核心会员全程管理制度

核心会员通过区域物流公共信息平台进行交易撮合，以降低交易成本，实现交易服务的便利化。随着核心会员对相关业务的逐渐熟悉，提出的各种要求也会日趋标准化、精确化，那么，平台就要为核心会员提供低成本、高效率、有保障、制度化的程序服务。

7.4.4 平台运营商管理制度

平台运营商不一定是最有实力的，但一定是最有潜力的本地或能够本地化的企业，具备平台运作的基本资质，并能随平台的发展而快速成长。平台运营商掌握着丰富的信息资源，有些涉及核心会员的商业秘密。因此，平台运营商管理制度的落实和完善非常重要。平台运营商管理者需要明确各岗位的工作职责和要求。在设置内部机构时，管理者既要考虑工作的需要，也要兼顾内部控制的需要，使机构设置既精练又合理。因此，对企业内部组织结构和职责分工要有整体规划。

7.5 创造有利于区域物流公共信息平台发展的政策环境

7.5.1 推动区域物流的智能化、标准化

智能化和标准化是区域物流公共信息平台的主要技术特点。政府促进智能化的政策主要包括物流信息化和物流自动化政策，鼓励开发和应用数据库技术、条码技术、电子订货系统、电子数据交换系统、供应链管理系统、仓储管理系统、分拣存取系统、货物跟踪系统等。物流标准化是区域物流发展的基础，物流标准的范围包括物流基础设施标准、物流技术装备标准、物流管理流程标准、物流信息化标准等。

7.5.2   引导区域物流科技创新

区域物流公共信息平台建立在高度柔性化、信息化基础之上，与物联网有着天然的耦合基础，通过物联网在平台的推广及应用，可以进一步提升物流产业智能化、自动化的水平。在政府主导下，实现不同部门、不同行业领域异构节点物流信息系统之间的整合，构建M2M（Manufacturer to Manufacturer）业务共享平台，大幅提升平台的运营效益。

政府部门制定智慧物流相关的政策规划，明确自身的责任和义务，建立和健全相应的政策与制度，完善相关的法律法规，促进物流标准的应用，引导物流科技企业在智慧物流科技创新上加大研发投入，积极建设和提升智慧物流发展所需的相关设施，为智慧物流的健康发展提供政策支持。行业协会作为政府和企业间的桥梁，组织推广智慧物流技术的实践应用，鼓励企业进行智慧物流的升级改造，为政府、企业提供与智慧物流发展相关的决策咨询。

7.5.3   构建区域物流人才生存和发展的制度体系

在引进和培养人才上，政府应加强与高校、企业间的合作，形成产学研结合的良性循环，提高培养人才的效率；要充分发挥各地现有的人才优势；要鼓励企业依靠自身优势积极引进和培养物流人才；同时，要加强和完善国内多层次物流教育培训体系，多形式、多方位和多渠道快速培养和引进人才。

在实践中培养、锻炼人才，要大量吸收在信息技术、人力资源管理、网络技术等方面的人才，激励这些人才把自己具备的知识和物流知识融合在一起，促进区域物流的发展。

8　区域物流公共信息平台构建及实施模式

8.1　区域物流公共信息平台体系结构

本书提出一种基于Web服务的区域物流公共信息平台体系结构,如图8-1所示。该系统的基本思想是把第三方物流企业及其他服务提供商提供的业务和信息服务封装成Web服务,根据客户的物流服务需求,由区域物流公共信息平台进行任务的规划与分解、物流Web服务的查找与选择,并构建集成化的物流服务链,开展一体化的物流服务,通过平台的监控和信息跟踪服务实时地对物流服务的进度进行监控,对物流服务的执行绩效进行评价。

基于Web服务的区域物流公共信息平台由物流资源层、基础服务层、功能服务层、物流服务流程执行层和应用门户层构成。

(1)物流资源层。

物流资源层是构成区域物流公共信息平台的基础资源,由物流服务提供商的物流资源和基础数据库构成,如物流企业遗留系统、物流设备资源、物流人力资源、数据库、文档库、政策法规库、知识库、规则库等,这些资源通过Web服务封装后能够发布并为客户提供相应的物流服务。

(2)基础服务层。

基础服务层是构建区域物流公共信息平台的信息技术基础设施,它支持Web服务相关技术协议的实现,同时实现了平台构建的一些共性的技

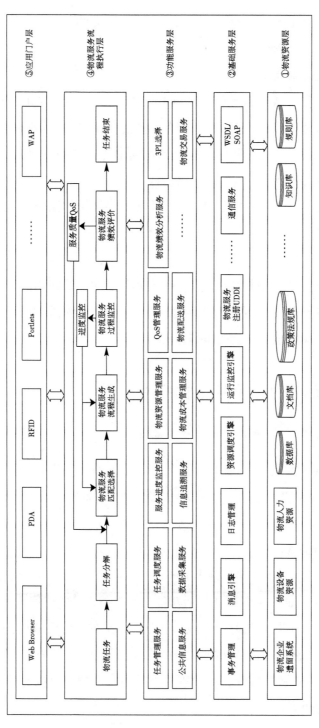

图 8-1 基于 Web 服务的区域物流公共信息平台体系结构

术功能，如事务管理、消息引擎、日志管理、资源调度引擎、运行监控引擎、通信服务等。

（3）功能服务层。

功能服务层以Web服务的方式提供区域物流运作的相关业务功能，包括任务管理服务、任务调度服务、服务进度监控服务、物流资源管理服务、公共信息服务、物流配送服务、物流成本管理服务、物流交易服务等。

（4）物流服务流程执行层。

物流服务流程执行层是区域物流服务模式在区域物流公共信息平台运作的具体实现。

（5）应用门户层。

应用门户层为区域物流公共信息平台提供了用户访问的接口。用户可以通过多种方式访问区域物流公共信息平台，进行物流需求提交、物流服务查找、服务执行进度查询等操作。

8.2 区域物流公共信息平台的主要模型

8.2.1 区域物流公共信息平台功能模型

区域物流公共信息平台的功能模型总体上可分为用户服务管理、交易过程管理、公共服务管理、第三方物流管理、系统管理五个模块，如图8-2所示。

1.用户服务管理

用户服务管理模块包括商业实体注册、服务信息发布、服务信息查询、服务安全认证。商业实体注册功能是3PL企业需要在信息平台注册，注册之后才有发布服务信息的权限。服务信息发布功能是3PL企业可以把自己的可用物流资源信息，按照标准的格式在平台注册后发布。服务信息查询功能是根据关键字查询到相关服务的内容。服务安全认证功能可以保证用户的安全性。

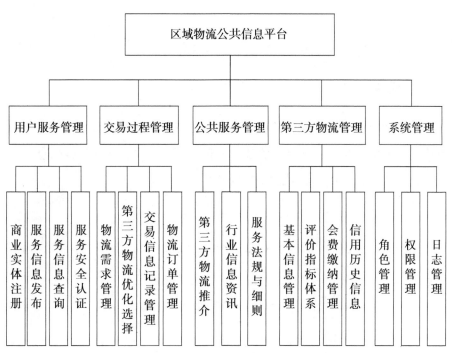

图8-2　区域物流公共信息平台功能模型

2.交易过程管理

交易过程管理模块包括物流需求管理、第三方物流优化选择、交易信息记录管理和物流订单管理。

3.公共服务管理

公共服务管理模块包括第三方物流推介、行业信息资讯、服务法规与细则。第三方物流推介是根据3PL企业以往的服务记录，对信誉度良好的3PL企业的推荐显示。区域物流公共信息平台可与3PL企业交流意见，共同研究哪些做得好、哪些不满意等主要问题，帮助3PL企业提高物流服务水平。行业信息资讯可以显示物流行业内的新闻。服务法规与细则可以展示政府部门的物流政策法规。

4.第三方物流管理

第三方物流管理模块包括基本信息管理、评价指标体系、会费缴纳管理、信用历史信息。

5.系统管理

系统管理模块包括角色管理、权限管理和日志管理。

8.2.2　区域物流公共信息平台信息模型

总体而言，区域物流公共信息平台的信息包括区域物流公共信息、区域物流企业综合信息、区域物流技术支持与服务信息、区域其他信息。区域物流公共信息平台总体信息结构如图8-3所示。

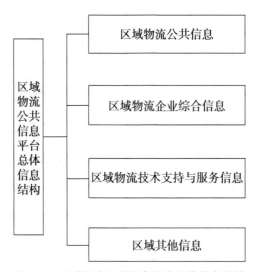

图8-3　区域物流公共信息平台总体信息结构

1.区域物流公共信息

区域物流公共信息主要包括：①国家及物流行业的政策法规、国家及物流行业的发展形势及国内外行业发展动态的宏观信息；②区域经济环境下物流行业企业的供求信息；③与物流行业相关的技术现状、发展趋势、行业新闻等环境信息。

2.区域物流企业综合信息

区域物流企业综合信息主要包括：①物流企业的基本信息；②物流企业的服务信息，如服务内容、主要服务对象、收费情况、联系方式等。

3.区域物流技术支持与服务信息

区域物流技术支持与服务信息主要包括：①物流行业技术、服务及信息化等相关的技术文献；②与物流行业相关的高校信息，主要包括高校的基本情况、与物流相关的优势专业及研究领域等；③物流行业专家信息；④物流行业成果信息。

4.区域其他信息

区域其他信息包括与区域物流运作相关的金融机构信息、电子商务信息以及相关的公共和专业信息网站等。

8.2.3　区域物流公共信息平台组织模型

组织结构合理是实现区域物流协同管理和优化运行的重要保证。区域物流公共信息平台的组织结构可划分为三个层次：区域物流运营商、物流服务提供商和客户。

区域物流运营商是整个区域物流公共信息平台运作的核心，其一般根据客户的需要，组织一条针对客户需求的物流服务链，对物流服务方案进行总体规划，通过外包、虚拟合作以及物流服务链的构建对客户的需求进行响应和服务。同时，区域物流公共信息平台运营商需要对区域物流公共信息平台的日常运作进行管理和维护。

物流服务提供商是区域范围内各类物流服务的提供商，根据客户提出的物流服务需求，为客户提供满足其需要的物流服务，并根据具体的情况加入和退出区域物流公共信息平台。

客户是区域物流运作过程中服务的需求者，客户通过区域物流公共信息平台提交或发布物流服务需求信息，并通过区域物流公共信息平台实时动态地监控物流服务的执行情况，对物流服务的执行情况进行绩效评价。

8.2.4　区域物流公共信息平台过程模型

区域物流公共信息平台有效地整合了3PL企业的资源优势，设计出合理、高效、经济的业务流程，从而提供一体化的供应链解决方案，通过信息技术随时监控物流服务的进程，并对之进行管理。区域物流将运输、装卸、包装、流通加工等活动加以整合化、效率化，降低成本，增加对客户的服务，从而以整体最优方案和系统最低成本，为客户提供满意的物流服务。区域物流公共信息平台过程模型如图8-4所示。

8.2.5　区域物流公共信息平台资源模型

资源模型描述了区域物流公共信息平台的资源分类、资源构成、资源结构、资源之间的联系及其与其他模型之间的联系。各成员企业提供的资源可能只是其总体资源的一部分，这些资源经过重新整合，形成了区域物流公共信息平台资源模型（见图8-5）。

区域物流公共信息平台的资源包括物质、信息、资金、人力和技术资源五方面。其中，物质资源主要包括运输资源、仓储资源和设备资源等。信息资源包括计划信息、库存信息和物流进度信息等。资金资源包括固定资产和流动资产。人力资源包括管理、技术和市场等方面的人才。技术资源包括管理技术、决策技术、信息技术和配送技术等。

8.2.6　区域物流公共信息平台知识模型

区域物流公共信息平台的运作离不开知识的支持，知识已经成为现代物流运作的重要支撑。本章从知识生命周期的角度提出区域物流公共信息平台知识模型，如图8-6所示。

区域物流公共信息平台知识模型由知识生命周期层、物流服务过程知识管理运作层和业务层构成。其中，知识生命周期与传统的生命周期类似，由知识发现与获取、知识组织与存储、知识共享与应用、知识评价与创新四个阶段构成，它是物流服务过程知识管理的主线。物流服务过程知识管理运作围绕知识生命周期展开和运作，以支持物流服务过程的创新和服务绩效的提升。业务层包括物流服务过程相关的业务情景及支持物流服务过程运作的相关技术和管理系统，如区域物流公共信息平台。

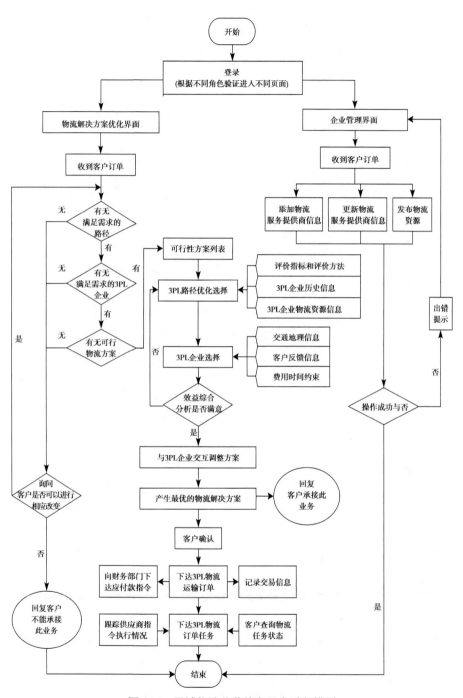

图8-4 区域物流公共信息平台过程模型

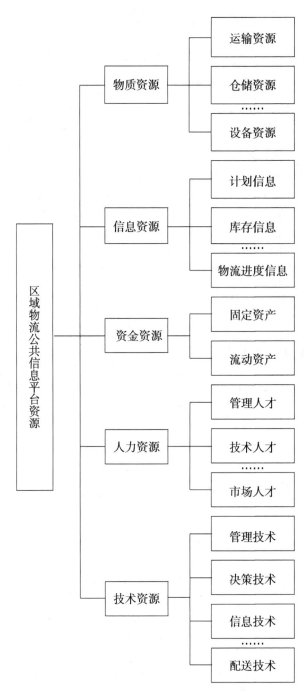

图8-5 区域物流公共信息平台资源模型

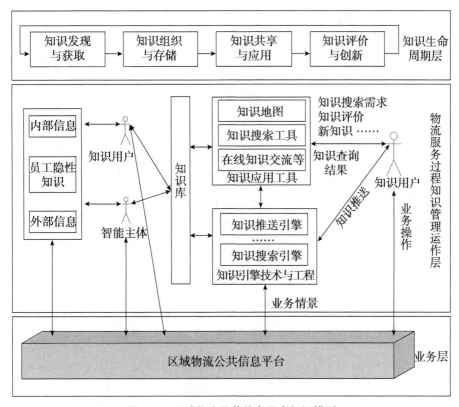

图8-6 区域物流公共信息平台知识模型

8.3 基于SaaS的区域物流公共信息平台实施模式

在整个现代物流系统的运作过程中，区域物流公共信息平台利用 EDI、3G、RFID、GPS、物联网、Web及Internet等现代信息技术，围绕 采购、生产、包装、运输、配送等物流活动的各个环节进行信息的采集、 交换、传输和处理，使物流活动的各方能够有效地相互协作和无缝连接，使物流活动达到最优化状态，从而构造出合理优化的物流服务链，提高 企业及区域经济的经济效益。

区域物流公共信息平台是一个复杂的大系统，涉及不同技术架构信息 系统的集成，物流服务链全过程多主体的集成，众多物流主体大量的知识、技术与管理的集成。传统物流信息系统对中小物流企业来说实施的成功率不是很高，一是由于大量计算机和网络设备的采购含耗费企业较多的资金；二是由于企业需要保持一定数量的IT技术人员以进行系统开发、维护、升级和管理；三是由于物流信息化项目的实施周期长、实施难度较大。

  SaaS模式的出现及其发展，为区域物流公共信息平台的实施和应用提供了一种新的思路。基于SaaS的区域物流公共信息平台的实施模式已经成为地方政府实施物流公共管理和优化区域物流系统的重要途径。基于SaaS的区域物流公共信息平台实施模式如图8-7所示，具体包括以下六个方面。

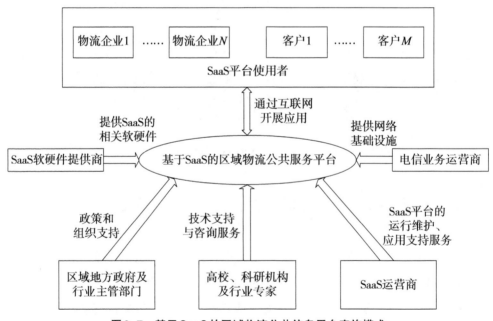

图8-7　基于SaaS的区域物流公共信息平台实施模式

  （1）区域地方政府及行业主管部门：为区域物流公共信息平台的运作提供有关的政策和组织支持。区域地方政府研究制定物流产业持续健康发展的政策法规和管理制度。行业主管部门对各自管辖范围内的物流公共信息平台承担监管职责，根据区域地方政府的政策取向协调地区间、口岸间的物流发展规划，建立公平竞争的市场环境，以保证物流市场的良性发展。

（2）高校、科研机构及行业专家：为区域物流公共信息平台提供技术支持和咨询服务。

（3）SaaS运营商：负责区域物流公共信息平台的运行维护，为区域内的物流企业和客户提供SaaS平台应用支持。

（4）SaaS软硬件提供商：负责开发建设区域物流公共信息平台，为区域物流公共信息平台提供各类硬件设备（如网络设备、服务器、存储设备等）和软件系统（如操作系统、云计算平台、大数据平台等）。

（5）电信业务运营商：为区域物流公共信息平台的开发、建设、运行提供网络基础设施支持。

（6）SaaS平台使用者：包括发货方、收货方、第三方物流企业、港口、公路、铁路以及中介代理企业；第三方物流企业在区域物流公共信息平台发布其物流服务能力，而客户（货主）则可以在区域物流公共信息平台发布物流服务需求，并对物流服务链的执行过程进行监控，对物流服务结果进行绩效评价。

9 区域物流公共信息平台的运作模式

9.1 区域物流公共信息平台建设机制

区域物流公共信息平台的建设是一项跨地域、跨部门、跨行业的建设工程，目的是整合现有物流相关信息资源、改善整个物流系统的运作环境、提高物流系统的运作效率，这必将牵涉众多物流相关信息资源的资产重组和数据接口的开放等问题。因此，必须有一个权威的领导小组来协调和沟通建设中遇到的问题。另外，区域物流公共信息平台的建设需要吸收大量资金，也需要众多企业的参与。

9.1.1 区域物流公共信息平台建设原则

区域物流公共信息平台的建设是一项非常大的系统工程，需要建设大量新的子系统，并将原来已经建设的各行各业相关的系统统一进来。为了保证整个平台性能最优化、功能最优化、效益最大化，需要对各种因素进行权衡考虑，并遵照一定的原则进行建设。

1.充分整合原则

区域物流公共信息平台的参与者众多。这些参与者大多建有自己的信息化系统，制造企业基本有企业资源计划（ERP）系统或供应链管理（SCM）系统，物流企业多数有运输管理系统（TMS）或仓储管理系统（WMS），政府部门往往有自己的电子政务平台。信息化系统汇集了大量的

业务数据。这些数据是区域物流公共信息平台所必需的，因此需要在平台
建设过程中对数据进行充分整合。

2.阶段扩展原则

随着第三方物流的逐步发展，企业的物流外包越来越多，对区域物流
公共信息平台的需求也越来越多。区域物流公共信息平台在建设时要充分
考虑接入区域物流公共信息平台各系统的差异性，为将来的各异构系统对
接保留好接口和数据字段，根据标准统一和协调统一的构建原则，要求平
台建设分阶段推进。每个阶段的建设需满足一定的功能和性能需求，并具
有适度的超前性，然后投入试运行。

9.1.2 完善物流公共信息平台建设的统筹协调机制

区域物流公共信息平台建设是一项具有基础性和公益性的跨部门、跨
单位的工作，涉及多个部门，应进一步建立和完善物流公共信息平台的统
筹协调机制，增强综合协调能力。重大问题由省政府统筹协调，使各相关
部门形成系统、规范、有序的组织协调工作机制。加强网络化公共服务平
台和单一性公共服务平台的统筹规划和管理，探索建立区域物流公共信息
平台的社会化管理体制，实行理事会决策制，推动跨部门、跨单位的物流
资源共享共用。建立社会化评价机制，通过制定科学的平台评价指标体系
和规范的绩效评价制度，形成内部自律与社会监督相互促进的评价模式，
平台运行接受全社会监督。完善政策法规环境，建立以推进物流公共资源
共享为核心的制度体系，制定和完善配套的规章制度，引导和激励非国有
物流资源的社会化服务，形成促进物流资源开放的制度保障。

9.2 投资运营采用政府加企业运营模式

9.2.1 区域物流公共信息平台运营机制

区域物流公共信息平台应面向企业，通过政府相关政策和行业协会制度

的制约，引入行业准入机制和会员管理方式。对于加入平台的企业会员，平台可通过收取会费、用户服务费、租赁费、广告费等方式进行市场运作的自主经营，提供有偿服务。政府主要行使宏观调控职能。

区域物流公共信息平台建设阶段宜采用"政府推动、市场运作"方式，政府行业主管部门负责组织及协调，做好法规政策配套工作。鼓励企业参与信息平台建设，通过优惠政策扶持示范性企业发展，吸引众多企业参与投资；平台建设运营主体承建具体项目建设；平台入网企业积极参与项目推广，改造自身业务流程。

从目前已有的区域物流公共信息平台的运营模式来看，主要流行以下三种模式（见表9-1）。

表9-1 　　　　　　　　　　　三种运营模式比较

模式	优点分析	缺点分析	建议
政府运营模式	平台的规划、建设和运营维护都由政府直接负责。政府主导的力量很强	容易造成与市场结合的紧密度不够、竞争机制欠佳，需要国家长期投入，可持续发展能力弱	不推荐
企业运营模式	平台的规划、建设、运营维护完全由企业自己负责，与市场需求的结合度较好，能持续改进服务质量	整体规划性不强，投资压力大，发展速度慢。过度市场导向，容易忽略公共服务性和公正性	不推荐
政府加企业运营模式	政府统筹规划和立项，保证平台启动投入，避免重复建设和浪费。在政府监督下的企业市场化运作，既可兼顾平台的公共服务性、中立性和公正性，又可实现平台功能与市场需求的紧密结合	如果政府与企业的角色定位不清，会影响平台的建设速度和运营质量	推荐

其中，政府加企业运营模式要满足以下要求。

（1）区域物流公共信息平台是公共服务体系，其建设、协调和监管是政府的职责。

（2）区域物流公共信息平台在建设时需要政府立项批准。

（3）区域物流公共信息平台需要企业市场化运作，贴近需求和服务。

选用政府加企业运营模式，既可保证平台的公共服务性、中立性和公正性，又可保证平台贴近市场，增强平台自我投入能力，实现可持续发展目标。

9.2.2　政府加企业运营模式

1."企业+新平台"

企业负责平台的规划、设计、运营、管理等工作。由于是企业建设新平台，在建设过程中可以实现规划、标准的统一，使信息交换与共享变得相对容易。相关政府部门对企业的职能授权具有不确定性，进而使企业对平台所需业务的整合能力具有不确定性。平台不能有效利用现有资源，可能造成业务领域的冲突。

2."项目组+新平台"

政府部门牵头，联合高等院校和科研单位等部门共同组建"区域物流公共信息平台"项目组，由项目组负责对平台进行统一规划、设计和开发。平台建设完成后，将平台的各模块在铁路、公路和民航等相关企业进行分布式部署；平台由企业进行运营维护。这样做可以保证平台规划、标准的统一，实现信息交换与共享的便捷化。项目组是一种较松散的组织结构，因此在平台开发和应用过程中需要进行大量的协调工作，且不能保证参与者的积极性；存在重复建设的问题，不能有效利用现有资源。

3."项目组+（现有系统+新功能模块）+互联"

项目组对平台进行统一规划和设计，由参与单位对平台进行开发，建设和完善平台的各功能模块，同时提供相互间的介入服务，并负责平台的后期运营。这种模式对参与单位的已建、在建系统冲击最小，能够充分发挥已建和在建系统的功能，避免重复建设，因此能保证项目参与单位的积极性。

4."企业+（现有系统+新功能模块）+互联"

企业负责区域物流公共信息平台的建设和运营工作。在政府给予平台建设及初期运维必要的资金扶持后，平台实现了自给自足的良性运营。平台建设运营中，政府部门的积极参与降低了信息交换与共享的难度。平台能够充分发挥已建和在建系统的功能，避免重复建设，实现对现有资源的有效整合。

在区域物流公共信息平台运营模式选择中，应结合当地经济发展与物流信息化的实际情况，采取适合方式（见表9-2）。

表9-2　　　　　　　　　具体方式比较

方式	组织方式特点	系统建设方式	数据集成难度	是否存在重复建设
企业+新平台	紧密型	集中式规划，集中式建设	低	是
项目组+新平台	松散型	集中式规划，分布式建设	低	是
项目组+（现有系统+新功能模块）+互联	松散型	集中式规划，分布式建设，原有系统功能基本不调整	较高	否
企业+（现有系统+新功能模块）+互联	紧密型	集中式规划、集中式建设，原有系统功能部分调整	低	否

9.2.3　区域物流公共信息平台的"三步走"运营模式

区域物流公共信息平台建设运营具体分为建设期、发展期和成熟期三个阶段（见图9-1），不同阶段的主要目标如下。建设期：主要建立物流公共信息平台标准规范体系，完成网络和硬件环境建设，建成平台数据交换与共享系统，通过门户网站和移动物流应用向政府管理部门、物流企业和社会公众提供可靠、权威、及时的物流信息服务。发展期：进一步完善平台建设期的建设内容，提供车辆救援等增值服务，逐步推进商务平台进程，深度整合移动物流应用与商务平台，将部分政务功能转化为商务功

能，提高企业物流信息化水平。成熟期：丰富平台功能，为物流企业提供
"一站式"服务，逐步实现商务平台补贴政务平台的长效运营模式，引导
物流企业实现数据增值服务。

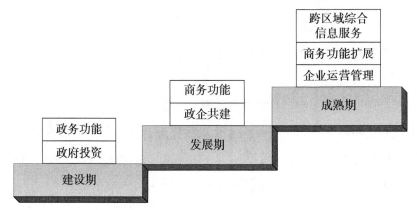

图9-1　区域物流公共信息平台发展阶段

综上所述，区域物流公共信息平台可以采用以下建设运营模式。

（1）建设期。依据平台规划设计，政府为平台建设投入初始资金，参
与平台政务功能建设，具体建设工作由企业下设的工程建设组负责。

（2）发展期。政府为平台提供建设和运营初期阶段的运营维护费用
（包括数据采集、数据处理、数据传输、系统维护、人员经费等方面的开
支）。在政务功能建设的基础上，政府和企业共同参与建设平台的商务功能。

（3）成熟期。以"政府引导、企业参与"为原则，在平台成熟期，已经
完成平台建设任务，平台交由企业负责运营。企业出资对平台进行相应扩建，
商务功能扩展，实现跨区域综合信息服务，为平台客户提供更多信息资源。

9.3　区域物流公共信息平台商业模式

面对区域物流业及物流信息化的发展，平台服务对象对平台功能提出
了更高要求。

在实际运营中，区域物流公共信息平台采取政府引导、行业约束、企业自主的市场化运营模式。政府指导区域物流公共信息平台服务价格的制定，企业在平台运营中，通过会员收费、广告等有偿商业模式，扩充平台的盈利渠道，实现商务补贴政务，最终实现平台的可持续运营。

区域物流公共信息平台运营中具体有以下四种商业模式：广告服务模式、会员制模式、交易费用模式、定制服务模式。

1.广告服务模式

平台通过发布招商等广告获取盈利。广告服务模式要求平台具有一定的名气和应用率。平台运营初期，政府在社会上的公众影响力为平台提供了一定的广告效益，可以吸引客户，并提供折扣吸引广告商；在平台运营逐渐走入正轨后，随着平台地位的提升，可吸引广告商主动进入。

2.会员制模式

平台采用会员制，为会员提供更有吸引力的服务，在某些服务的应用上对会员采取减免措施。平台向会员收取一定的会费，采用月、季、年三个时间段的收费方式；按照会员自身信誉、会员业务交易量对会员进行不同级别的划分，并提供不同优惠服务。上海电子口岸即采取这种模式，将会员按照基本会员、高级会员、特级会员进行划分。

3.交易费用模式

客户在平台进行交易活动时，收取一定比例的服务费，服务费通常小于企业所付出的中介费。

4.定制服务模式

该模式可以为目标客户提供专业咨询服务，帮助目标客户查找自身存在的问题，并为客户提供可行的解决方案。同时，为目标客户提供信息定向发送、路径选择、天气查询等信息服务。

10 基于平台经济模式的运力资源整合创新

平台经济（Platform Economics）是指借助互联网平台进行商品和服务交易的经济模式。平台经济模式的典型例子有阿里巴巴、京东、苏宁易购、亚马逊、美团外卖、58同城、货拉拉、运满满、滴滴等。

平台经济有以下显著性特点。

（1）平台经济是一种商业模式。平台的用户既要遵守平台的相关标准，又要遵守平台的既定流程，整个交易流程的信息能够真实地被记录和查询，实行透明化运作。因此，平台经济是一种标准化、流程化和透明化的商业组织模式。

（2）平台经济是一种聚集经济。平台经济是一种广大中小企业、微型企业和个体户聚集的经济现象。如阿里巴巴、京东、苏宁易购的主要服务对象是中小型制造企业，为其提供营销渠道；美团外卖聚集了大量的餐饮商户和骑手，为消费者提供外卖服务；货拉拉、运满满、滴滴聚集了众多的个体司机，为广大客户和中小型企业提供货运服务。

（3）平台经济是一种协同经济。平台经济最显著的特征是线上至线下（Online to Offline，O2O），实现线上交易和线下交付的协同。线上交易与线下交付的协同，不但需要供应链核心企业内部各部门之间的协同，还需要供应链上下游企业之间的协同。

（4）平台经济是一种诚信经济。平台的交易双方既要求线上的交易诚信，又要求线下的交付诚信。线下的交付诚信支撑线上的交易诚信。线上的交易诚信与线下的交付诚信相互促进，从而构筑越来越稳固的平台诚信体系。

（5）平台经济是一种共享经济。平台经济是科技进步和社会文明发展到一定阶段的产物，依赖于现代化的互联网通信技术，借助移动设备、评价系统、支付、LBS等技术手段有效地将一些闲置的资源共享。

运力是一种提供运输服务的资源，是一种集司机、车辆为一体的动态化商品。借助共享经济平台和互联网的相关技术，运力可以通过标准化包装，实现平台共享。

10.1　平台化运力资源整合的背景与意义

2014年，Uber将共享经济的热潮吹向了中国，但在随后的几年中，共享经济却没有期许得那么美好。2017年，无数个带着共享概念的企业如同雨后春笋一样开始进入大众的视野，也占据着各类科技、财经媒体的头条。同样在2017年，这些企业的关键词变成了"跑路""落寞""退潮"等。据央视财经总结，截至2017年年底，共有19家投身共享经济的企业宣告倒闭或终止服务。在共享经济领域，一批又一批创业者赶到风口，一批又一批地掉下去；究其原因，除了普遍的烧钱补贴的"打法"问题，更深层的原因是很多平台自身根基不牢，没有形成闭环，没有良好的"造血"能力。自2018年开始，共享经济逐步回归理性。

综观国内尝试共享模式的行业，除了出行行业外，2017年赶上风口的还有物流板块，公路货运行业平台在2017年就有数百家，尤其是搭建物流运力共享的公路货运O2O平台备受关注。

货运行业Uber模式就是通过平台把许多闲散的运力资源整合起来，用户只需在平台上发布用车需求，而那些闲散的司机们即时接单、达成交易即可。社会零散运力资源通过货运O2O平台得到了更高效的利用。据了解，德邦和卡行天下也会用货运O2O平台找司机。

随着我国产业结构优化升级和经济发展方式转变，很多行业的供应链布局和企业的生产环节出现跨区域配置的需求，销售范围扩大也几乎是所有企业都会遇到的问题。随着业务发展，大品牌企业的销售范围会拓展至全国甚至全球；中小品牌企业，由于搭上电子商务快车，跨区域销售也是常态。这无疑会使它们对为之服务的物流企业提出更高要求。

我国公路货运绝大多数企业是小型民营企业，其特点是规模小、实力弱；同时，由于我国幅员辽阔，依靠单个货运企业的运力资源网络难以覆盖全国，不能满足发展变化中的客户需求，所以就需要资源共享、合作发展。在这个前提下，出现了多种不同模式。在这些共享模式中，效仿"滴滴"模式的公路货运O2O模式是最为典型的公路货运资源共享模式；此外，还有行业信息平台整合模式、专线公司联盟整合模式，这些模式都实现了运力资源共享。

10.2 运力资源整合的需求

物流运输方式包括水运、空运、公路运输、铁路运输、管道运输等。其中，公路运输是我国最重要的物流运输方式。交通运输部公布的数据显示，2021年我国公路货运量超过390亿吨，约占2021年全国社会货运量的75%。我国公路货运的运作效率与发达国家相比有着巨大的差距，可挖掘潜力很大。截至2021年年底，全国共有1968家网络货运企业，整合社会零散运力360万辆。

从物流模式创新到物流模式整合，运力资源一直是物流链条中不可缺失的一环。

目前，社会上实体运力主要有五种：一是制造企业自有运力；二是商业企业自有运力；三是物流企业自有运力；四是个体运力；五是金融运力。这五种运力承担着大部分的干线运输、支线运输和末端配送。这里不含以互联网模式存在的运力资源，因为互联网的运力来源于线下的实体运力。

1.制造企业自有运力

这部分运力基本都是大型制造企业自行购买的运力，主要服务于企业自身业务，少数能参与社会物流。但少数大型制造企业随着物流能力的提升，成立物流企业，运力不仅为自身服务，也开始向社会提供物流服务，如日日顺供应链科技股份有限公司。

2.商业企业自有运力

这部分运力基本都是大型流通企业或平台企业自行购买的运力，如大型超市、配送中心自主配送车队，京东自建物流，主要服务于自身的配送业务。京东物流从服务自营商品的配送开始，逐步壮大后，进一步发展为中国领先的技术驱动的供应链解决方案及物流服务商。

3.物流企业自有运力

大到大型的运输公司，小到几台车的小型物流企业，这部分运力主要在制造企业、快递企业、电商企业间，以招投标或议价的方式进行主要的干线运输，运力来源于在物流初期发展起来的车队。

一部分运力提供商是在物流行业内或是在其他行业内打拼多年成功后开始转型，涉足新的业务。

另一部分运力提供商是依托自身稳定的货源开始进入零散运力领域的传统物流企业，如佳吉、天地华宇等，这些传统的物流企业本身在行业内打拼多年，有着稳定的货源，并且有着稳定的零散运力支撑。

4.个体运力

个体运力数量庞大，价格较为低廉，在部分城市有稳定的信息与货源，并且在运输市场中机动灵活，适应力极强，个体运力一直是这个行业的主力军。

5.金融运力

这部分运力是近年兴起的，以金融为杠杆，进行实体运力车队的投入和管理，涵盖业务不仅涉及物流，而且涉及其他运输行业，比如城市环境的渣土运输等，该部分运力虽然是后起之秀，但由于是金融模式的车队，发展速度惊人。

10.3 运力资源整合的困难

1.困难之一：如何找准定位

运力资源整合平台的定位关乎产品的设计和未来用户的推广，如何找准定位是运力资源整合平台能否成功的关键。定位的前提是了解清楚目标客户的痛点。运力系统的用户主要有两类：一类是货主，另一类是个体司机。

定位的关键也有两点：一是模式定位，二是功能定位。运力资源整合平台基于不同的定位将分散的运力进行有效整合，通过信息共享能够有效降低运力浪费，实现运力资源高效配置。

2.困难之二：如何确保诚信

诚信体系是运力资源整合平台必须要考虑的，平台既要杜绝虚假信息，又要杜绝僵尸运力，还要进行有效的合法性规范交易。

10.4 平台经济模式下的运力资源整合模式

从目前行业看，运力资源整合存在多种模式。运力资源整合模式，是指运力的组织形态，具体表现为组织如何向社会分享运力信息和运力资源。

从运力信息及运力资源共享方式的角度来看，有传统的运力资源整合模式，包括园区模式、联盟模式；也有平台化运力资源整合模式，包括货运O2O整合模式、行业信息平台整合模式。

10.4.1 传统运力资源整合模式

1.园区模式

园区模式是指以物流园区、公路港、货运站、停车场等场所为运力集散的地方，方便货主找到运力。目前，物流园区多数还停留在小、散、乱、差的状态。园区模式的整合是一种粗放式的市场形态整合。

物流园区的经营主体多数以门面租金和停车费盈利,这样的盈利模式属于地产经济的范畴——类似购物中心收取停车费和商户的租金。物流业正在向信息化、专业化、网络化和集约化的趋势发展,在这样的发展趋势下,物流园区、公路港、货运站等不能只靠租金和停车费存活,都需要转型,在运力资源整合上进行投资和管理。

2.联盟模式

联盟模式有两种细分类型,一是以盟主企业为核心的加盟模式;二是不同区域之间的资源互补模式,称区域互补模式。

(1)加盟模式。

加盟模式一般是盟主企业与加盟商之间的联盟。盟主企业制定出一套可行的合作框架协议,盟主企业与一些物流企业或运输公司根据协议框架进行谈判。谈判成功后,这些物流企业或运输公司就变成了加盟商。加盟模式能够快速地聚集运力资源,迅速扩大运力网络的覆盖面。但加盟模式也存在一些显著缺点,一是找到合适加盟商的难度较高;二是盟主企业与加盟商的谈判成本高;三是总公司与子公司之间会存在文化冲突,难以执行统一管理。

(2)区域互补模式。

区域互补模式一般是不同区域之间的寡头物流企业进行联盟,其目的是借助联盟扩大双方各自的网络覆盖面,进一步巩固自己在本区域的寡头垄断优势。例如,A区域有甲、乙、丙三个寡头物流企业,B区域有子、丑两个寡头物流企业。如果A区域的甲物流企业与B区域的子物流企业进行联盟,称为"甲子联盟",并假设其他寡头不进行联盟。在这种情况下,"甲子联盟"无论是对于甲物流企业还是对于子物流企业,都等于在扩展网络覆盖面,A区域市场中的客户如果有发往B区域货物的需求,则一般会选择甲物流企业。

区域互补模式的联盟是一种转运联盟,纯粹是一种利益上的交换,如果两个区域之间，联盟物流企业的运输路线有重合，那么依然存在竞争关系。区域互补模式的联盟，拓宽了联盟企业各自的市场覆盖面，但在物流服务品质和物流效率上并没有实质性改善。

不管是加盟模式还是区域互补模式，运力上的整合是一方的运力资源顾及不到，然后托付给另一方去承运。利益交换和利益分成是联盟模式的特点。

10.4.2　平台化运力资源整合模式

1.货运O2O整合模式

货运O2O整合模式是利用信息平台或货运App整合车货双方的需求，而车主和货主可以使用手机端货运App进行车货匹配的服务交易。货运O2O整合模式利用"互联网+"整合运力，解决了日常物流服务场景中"找车难"和"找货难"的问题。

货运O2O整合模式存在的问题主要有以下三个。第一，扩张发展成本很高，需要不断融资支持。第二，盈利模式未定。因为大部分货运O2O企业都处于发展期，还谈不上盈利问题。第三，公路货运服务标准化程度低，服务产品开发成本高。

2.行业信息平台整合模式

物流企业可以通过数字货运平台将自身的物流数据进行整合，梳理企业长期的合同运力、临时运力，优化运力结构；将线下业务导入数字货运平台，通过数据沉淀，固化和整合长期合作运力，对固定下来的运力进行业务绑定，推进物流金融、车后服务，将外部运力内部化；通过数字货运平台，实现外部运力内部化、运力结构合理化。

起步于公路货运行业的大型物流企业，利用数字货运平台对运力资源进行整合共享，比较典型的企业有卡行天下、安能物流等。卡行天下是一家网络货运平台企业，以公路枢纽港为基础，通过标准化、产品化、信息化实现公路运输的集约化整合，为物流需求者打造高性价比的零担物流网络，致力带动小微物流企业共同发展。安能物流以零担快运业务起步，通过整合传统物流专线、零担快运网络和信息技术平台，致力成为商业流通领域最有效率的连接者。卡行天下不直接参与专线和门店的管理，而是提供数字货运平台和管理标准，更接近菜鸟模式；安能物流将专线和门店纳入自己的管理体系。

行业信息平台整合模式存在的主要问题如下。第一，面临新型货运O2O的强力竞争。尽管很多信息平台与货运O2O平台有着良好合作，但双方本质上都是一种中介组织，存在竞争关系。第二，面临被新技术颠覆的危险。行业信息平台的技术和运营模式已经相对成熟，但从另一个角度来说就是相对固化，应变能力将受到考验。

10.5 运力资源整合中的诚信提升对策

运输行业存在的各种不诚信现象，究其原因，是物流企业无法对运输过程实施全程可控制、可查询、可追溯、可评价的管理。如果物流企业将整个运输过程对用户企业公开、透明，并且允许其对每一个环节都可以自由评价，这就会对其企业诚信制度建设形成正向监督和引导，促使其向好的方向发展。建立良好的企业诚信体系，还需要强有力的制度进行保障。

10.5.1 运力诚信体系的规划建设

（1）司机个人方面。司机首先要深刻理解诚信的重要性，许下诚信诺言并付诸行动，从每一单运输做起，为社会的诚信建设而努力。

（2）物流企业方面。企业应时时处处以诚信为出发点，坚持"服务客户、信誉第一"的经营理念，严格遵守国家法律法规，遵守职业道德和行业准则，自觉维护自身诚实守信形象，在建章立制、内部管理、销售服务、投诉处理及同业合作等方面，严格自律，依法纳税，重合同守信用，并及时披露本企业的信息，提高企业自身诚信水平。

（3）法律法规方面。要健全法制，对各领域的严重失信行为规定清晰明确的界定标准和较为严厉的法律责任，明确详细规范和实施准则，从法制上保证守信者得益、失信者受罚。

（4）政府监管方面。政府应该进一步完善监管体系，构建多元化监管模式，加强对诚信行为的立体监管。在消费者维权领域，尤其要注重增强消费者的维权意识，鼓励消费者积极、主动地监督生产者、物流企业、司机的诚信问题。

10.5.2　运力的透明化制度建设

物流企业应把透明管理作为企业管理的核心，贯穿企业管理的方方面面。主要包括实施车辆透明管理、司机透明管理、货物运输过程透明管理三个方面。其中，车辆透明管理包括车辆证照管理、车辆使用管理、维修管理、轮胎管理、费用管理等。司机透明管理包括驾照证件管理、驾驶习惯管理、司机打卡管理等。货物运输过程透明管理包括运输线路透明、运输人员透明、运输费用透明、货物自身信息透明，如品类、名称、数量、大小、重量、运输条件等统统透明。要想把以上透明管理落到实处，需建立可执行的制度保障。

参考文献

［1］翁智刚.产业集群论［D］.成都：西南财经大学，2008.

［2］牟绍波.产业集群持续成长机制研究［D］.成都：西南交通大学，2007.

［3］邵秀燕.区域经济一体化进程中东盟投资效应分析［J］.世界经济与政治论坛，2009（5）：43-50.

［4］董千里，阎敏，董明.关于区域物流理论在我国应用的研究［J］.重庆交通学院学报，1998（2）：76-82.

［5］董千里.区域物流信息平台与资源整合［J］.交通运输工程学报，2002（4）：58-62.

［6］肖亮.产业集群发展视角下的物流服务系统重组模式［J］.管理现代化，2007（2）：12-14.

［7］徐红梅.吉林省共用物流信息平台系统设计及关键技术研究［D］.长春：吉林大学，2008.

［8］海峰，张丽立，安进.怎样认识区域物流［J］.中国物流与采购，2003（10）：30-31.

［9］薛辉，欧国立.产业集群与区域物流系统的协同关系研究［J］.生产力研究，2008（20）：112-114.

［10］张鹏.区域物流发展水平测度研究［D］.长春：吉林大学，2010.

［11］郝鹏.辽宁省区域物流及区域经济发展关系研究［D］.长春：东

北师范大学，2010.

［12］夏燕菊.区域物流对长三角地区经济增长的贡献度分析［D］.上海：上海师范大学，2008.

［13］李中秋.区域物流与区域经济发展的关系研究［J］.中国商贸，2011（32）：154-155.

［14］邢虎松，刘凯，邓元慧.区域物流合作对区域物流增长的作用机制研究［J］.生产力研究，2013（6）：131-133.

［15］韩嵩，朱杰.中国现代物流业与国民经济联系研究［J］.统计与决策，2010（17）：128-131.

［16］张梅芬，张玲.基于灰色关联度的区域物流需求与区域经济发展关系研究［J］.物流技术，2015，34（9）：183-185.

［17］上官绪明.区域物流影响区域经济增长的协整分析［J］.商业时代，2013（20）：34-35.

［18］杨志梁，张雷，程晓凌.区域物流与区域经济增长的互动关系研究［J］.北京交通大学学报（社会科学版），2009，8（1）：38-40.

［19］张中强，宋学锋.区域经济与区域物流协同发展状态与调控模型研究［J］.数学的实践与认识，2013，43（14）：224-230.

［20］刘鹏.基于VAR模型的区域物流与经济增长的关系研究［J］.物流技术，2012，31（13）：218-220.

［21］李全喜，金凤花，孙磐石.区域物流能力与区域经济发展的典型相关分析——基于全国面板数据［J］.软科学，2010，24（12）：75-79.

［22］庞绪庆.区域物流与经济协同发展相关的国内研究——以京津冀为例［J］.中国市场，2014（37）：161-162，164.

［23］代应，王旭，史韵.基于协整理论的区域物流发展与经济增长关系研究［J］.科技管理研究，2013，33（17）：239-244.

［24］贺玉德，马祖军.基于CRITIC-DEA的区域物流与区域经济协同发展模型及评价——以四川省为例［J］.软科学，2015，29（3）：

102-106.

［25］景楠，颜波.东北区域物流与经济的空间自相关和空间聚类分析［J］.东北师大学报（哲学社会科学版），2015（1）：134-140.

［26］吕青，唐秋生.港口物流与区域经济协同发展研究［J］.水运工程，2012（4）：67-70.

［27］王晓原，张敬磊.区域物流需求分析集对聚类预测模型研究［J］.软科学，2004（5）：11-13，17.

［28］唐伟鸿，李文锋.基于时间序列的支持向量机在物流预测中的应用［J］.物流科技，2005（1）：8-11.

［29］庞明宝，常振华，刘娟.基于非线性支持向量机区域物流量预测［J］.物流科技，2007（9）：20-23.

［30］姚智胜，邵春福，熊志华.基于小波包和最小二乘支持向量机的短时交通流组合预测方法研究［J］.中国管理科学，2007（1）：64-68.

［31］张云康，张晓宇.组合预测模型在宁波港集装箱吞吐量预测中的应用［J］.中国水运（下半月），2008（2）：33-34.

［32］刘婷婷，邓克涛，马昌喜.模糊神经网络非线性组合预测在铁路货运量预测中的应用［J］.铁道运输与经济，2008（9）：91-94.

［33］杨天宝，刘军.应用改进重力模型法预测铁路行包OD运量的研究［J］.铁道运输与经济，2006（3）：84-87.

［34］隆惠君，江涛涛，邓淑芬.基于灰关联分析的常州市物流需求表征量选择［J］.中国市场，2007（36）：48-49.

［35］隆惠君，卓岩，江涛涛，等.基于灰色系统理论的常州市物流需求预测［J］.物流科技，2008（6）：51-54.

［36］孙焰，仇磊.统一分布模型在物流规划中的应用［J］.同济大学学报（自然科学版），2013，41（7）：1046-1050.

［37］李春海，缪立新.区域物流系统及物流园规划方法体系［J］.清华大学学报（自然科学版），2004（3）：398-401.

［38］赵习频，佘廉.区域物流体系规划模式探讨［J］.中国远洋航务公告，2006（4）：68-72.

［39］海峰，张丽立，孙淑生.区域现代物流模式探讨［J］.经济管理，2005（20）：44-50.

［40］董昆及，董洁霜，韩印，等.基于区位势的区域物流体系布局规划研究［J］.物流科技，2010，33（1）：37-40.

［41］李庆全，王铁宁，张嘉忠.区域物流发展规划理论与实践探讨［J］.物流科技，2010，33（5）：60-61.

［42］吴刚，陈兰芳，张燕，等.区域物流网络规划研究现状及若干关键问题［J］.武汉理工大学学报（交通科学与工程版），2012，36（1）：21-24.

［43］冯亮.区域物流信息化战略及实施研究［J］.物流技术，2015，34（9）：72-74.

［44］丁新军.基于模糊参数的秦皇岛旅游区废弃物逆向物流规划［J］.物流技术，2014，33（7）：214-216，222.

［45］刘建文.区域物流规划的理论基础与评价体系研究［J］.管理世界，2009（8）：178-179.

［46］马立宏，张广军.区域物流平台的核心问题研究［J］.物流技术，2002（11）：14-15.

［47］魏际刚，缪立新，施祖麟.现代物流的价值透析［J］.中国物流与采购，2002（23）：22-24.

［48］王利，韩增林，李亚军.现代区域物流规划的理论框架研究［J］.经济地理，2003（5）：601-605.

［49］赵启兰，王耀球，刘宏志.基于趋势的区域物流规划的定位分析［J］.北京交通大学学报（社会科学版），2006（3）：35-39.

［50］过秀成，谢实海，胡斌.区域物流需求分析模型及其算法［J］.东南大学学报（自然科学版），2001（3）：24-28.

产业集群视角下区域物流平台的构建及制度创新研究

KULSHRESHTHA M, NAG B, KULSHRESTHA M. A multivariate cointegrating vector auto regressive model of freight transport demand: evidence from Indian railways [J].Transportation Research Part A, 2001, 35（1）: 29–45.

[52] HAM H, KIM J T, BOYCE D.Assessment of economic impacts from unexpected events with an interregional commodity flow and multimodal transportation network model [J].Transportation Research Part A, 2005, 39（10）: 849–860.

[53] O' CONNOR K.Global city regions and the location of logistics activity [J].Journal of Transport Geography, 2009, 18（3）: 354–362.

[54] MAČIULIS A, VASILIAUSKAS V A, JAKUBAUSKAS G.The impact of transport on the competitiveness of national economy [J].Transport, 2009, 24（2）: 93.

[55] PEDERSEN O P.Freight transport under globalisation and its impact on Africa [J].Journal of Transport Geography, 2001, 9（2）: 85–99.

[56] SKJOTT-LARSEN T, PAULSSON U, WANDEL S. Logistics in the Oresund region after the bridge [J].European Journal of Operational Research, 2003, 144（2）: 247–256.

[57] LEE H, YANG M H. Strategies for a global logistics and economic hub: Incheon International Airport [J].Journal of Air Transport Management, 2003, 9（2）: 113–121.

[58] ZEVGOLIS I, MAVRIKOS A, KALIAMPAKOS D.Construction, storage capacity and economics of an underground warehousing–logistics center in Athens, Greece [J].Tunnelling and underground space technology, 2004, 19（2）: 165–173.

[59] LAHIRI K, YAO W V. Economic indicators for the US transportation sector [J].Transportation Research Part A, 2006, 40（10）: 872–887.

100

[60] ADRANGI B, CHATRATH A, RAFFIEE K.The demand for US air transport service: a chaos and nonlinearity investigation [J].Transportation Research Part E, 2001, 37 (5): 337-353.

[61] LEMOINE W, DAGNÆS L.Globalisation strategies and business organisation of a network of logistics service providers [J].International Journal of Physical Distribution & Logistics Management, 2003, 33 (3): 209-228.

[62] ACKERMANN J, MÜLLER E. Modelling, planning and designing of logistics structures of regional competence-cell-based networks with structure types [J].Robotics and Computer Integrated Manufacturing, 2007, 23 (6): 601-607.

[63] DUCRUET C, LUGO I.Cities and Transport Networks in Shipping and Logistics Research [J].The Asian Journal of Shipping and Logistics, 2013, 29 (2): 145-166.

[64] HESSE M, RODRIGUE J.The transport geography of logistics and freight distribution [J].Journal of Transport Geography, 2003, 12 (3): 171-184.

[65] GULYANI S.Effects of Poor Transportation on Lean Production and Industrial Clustering: Evidence from the Indian Auto Industry [J].World Development, 2001, 29 (7): 1157-1177.

[66] SANDBERG E.Logistics collaboration in supply chains: practice vs. theory [J].The International Journal of Logistics Management, 2007, 18 (2): 274-293.

[67] KANAPECKIENE L, KAKLAUSKAS A, ZAVADSKAS E, et al.Integrated knowledge management model and system for construction projects [J].Engineering Applications of Artificial Intelligence, 2010, 23 (7): 1200-1215.

[68] JOY A, SENNYEY P.The Weight of E-Collections and Value-Added

Services: Revisiting Assumptions and Practices to Meet the Challenge [J] .
Serials Review, 2006, 32（2）: 99–102.

　　[69] LANCIONI A R, SMITH F M, OLIVA A T.The Role of the Internet
in Supply Chain Management [J] .Industrial Marketing Management, 2000, 29
（1）: 45–56.